敘事塔羅

NARRATIVE TAROT

運用塔羅圖像展開與自我對話的生命敘事，
讓身心靈在困境中成長，走出屬於自己的幸福之道

王乙甯　著

目錄

推薦序　見證塔羅大師的誕生——鐘穎　008
推薦序　說生命的故事，是一門藝術——何佳瑞　012
推薦序　敘事中臨現的魔法——鄭印君　019
推薦序　和塔羅圖像一起說故事——蔡怡佳　022
前言　塔羅的奇幻旅程　025

第一章　不只是占卜，讓我們走進生命成長的塔羅牌　031
應對煩惱的四階段與塔羅占卜的三面向　032
圖像學習　037
塔羅占卜術　042
身心靈塔羅占卜　045

第二章　韋特塔羅與身心靈成長　049
韋特塔羅圖像的特色　052
象徵與心靈　056
故事與意義　061

第三章　大祕牌 067

猶如「薛丁格的箱子」的塔羅大祕牌 068
從生命主題介紹塔羅大祕牌 073
看不透、捨不得、輸不起、放不下，人生四苦功課——命運之輪、死神、高塔、審判 076
入戲與旁觀的生命智慧——魔術師、女祭司、皇后、倒吊人 096
感情必修課：愛與懂之間——戀人、力量、惡魔 117
走出玻璃心，不再成為容易受傷的人——正義、節制、星星 133
從恐怖電影談生命中的「亂」與「序」——皇帝、教皇、戰車、月亮 151
送給正在思考生命意義的每個人——愚者、隱士、太陽 177
先畫下句點，才會有新的開始——世界 196

大祕牌快速查找

0 愚者 184
I 魔術師 101
II 女祭司 105
III 皇后 109
IV 皇帝 160
V 教皇 164
VI 戀人 121
VII 戰車 169
VIII 力量 125
IX 隱士 188
X 命運之輪 80
XI 正義 139
XII 倒吊人 113
XIII 死神 84
XIV 節制 143
XV 惡魔 129
XVI 高塔 88
XVII 星星 147
XVIII 月亮 173
XIX 太陽 192
XX 審判 92
XXI 世界 201

第四章　小祕牌的數字牌 205
1 展開新事物的契機 211
2 二擇一的生命處境 217

3 展望未來 224
4 打下基礎 231
5 融入群體生活 238
6 友善的人際互動 245
7 除了堅持還是堅持 252
8 更上一層樓 259
9 接近尾聲 266
10 是結束還是未完待續 273

第五章 宮廷牌與社會角色 281

宮廷人物的職務特質 287
聖杯人物的特質——水象徵的感性意象 290

權杖人物的特質——高山象徵的冒險意象 296
寶劍人物的特質——雲象徵的思維意象 302
五角星人物的特質——土地象徵的實踐意象 309

第六章　塔羅敘事的方法 315

每日抽牌練習 316
塔羅生命敘事如何解讀逆位牌？ 326
如何把塔羅應用為人生建議 332
塔羅敘事練習（大祕牌、宮廷牌、小祕牌） 337
塔羅敘事抽牌應用（三張牌） 340

結　語 347

推薦序　見證塔羅大師的誕生

鐘穎

我很久以前就注意到乙甯老師經營的塔羅網站和粉專，也早早就和學生分享她的文章與觀點。她對塔羅牌的研究極投入、想法極原創、字裡行間都流露出對塔羅牌的真心喜好。

受到心理學及當代身心靈運動的影響，塔羅牌漸漸脫離了十九世紀末、二十世紀初濃重的神祕學氛圍，學習者逐漸對牌面上的圖像進行故事性的理解，試著從牌陣中創造出與個人經驗相連卻不同的敘事。

這樣的說法雖然浪漫，但實務上也容易出現一些問題。

首先，我們的教育重視所謂的左腦思維，看重邏輯、事實與推理，對於右腦的情緒感受與圖像連結等能力的訓練非常匱乏。所以多數學習者在剛開始時都只能以很粗淺的方式去對牌面進行聯想，創造出來的故事往往扁平單調，對當事人的生命內核起不了有意義的碰撞。

其次，某些直覺感受性比較強的學習者在看到牌面雖然容易被觸動而說出故事，但如果反覆聆聽幾次，會發現解牌者所說的故事其實更像是潛意識情結的投射，無論牌面的主題為何，總是會繞回特定的議題，與牌面的主要意旨相違。

正因如此，要成為一個好的塔羅說書人，對個人議題的覺察，對不同生命經驗的接納是萬不可少的。

這一方面是為了避免將個人議題投射在問卜者身上；另一方面，牌面的象徵雖然固定，但一旦加以組合（成任一種三張牌的牌陣），其先後順序與正逆變化的組合順序卻可達數百萬種。如果不能在當下允許自己無意識裡的內容湧動至意識層面，那麼就只能在個人的記憶中尋找關鍵字，故事的義理與韻味當然會很有限。

之所以特別強調這一點，是想對讀者說明，說故事雖然容易，要說一個深刻動人且兼不失客觀的故事卻很困難。作為一個長期的粉專追蹤者，我可以這麼說，乙甯老師是當中的佼佼者。

雖然這裡強調了說故事的難處與魅力，這並不表示這本書欠缺思考的深度與學術的底蘊，只要看看作者對塔羅史的整理就可以知道，乙甯老師並非不能，只是不為。書裡尤其令我激賞的地方有三：

第一，象徵一詞向來難懂，以榮格之博學，也常有言不達義之處。乙甯老師是我看過文字最精準、舉例最恰當的人。她以愛與玫瑰花為例，就把情感與象徵的關係講得清清楚楚。她也不忘提醒讀者，一旦象徵成為了既定的概念或語言，裡頭的情感就會再度消失無蹤。因此，如何為人生的各種困境尋找新的象徵實在是一項終生的功課。

第二，本書對大牌的介紹絲毫不落俗套，主題重於順序，閱讀經驗令人耳目一新，人性掌握尤顯深度。讀者如若不信，可以先翻到意義牌組的章節：愚者、隱士、太陽，便知我所言非虛。如若不是多年學思經驗所帶來的自信，相信沒有作者敢做出這麼精采而又大膽的編排。

第三，以社會角色來解讀宮廷牌。宮廷牌的理解難度最高，但無論是圖像還是意義，本書都做出了獨到的見解。既然是社會角色，那麼宮廷人物就是我們隨時可以揣摩和學習的角色，搭配上書裡對宮廷圖像的詮釋，特質便會變得立體，人物的比較變得方便，牌義也更易通透。

最後的問題是，這本書適合什麼樣的人學習呢？我想主要有兩類：包含對背誦牌義感到厭倦或乏味的讀者，以及受塔羅的整體性知識所感召的讀者。

塔羅學的幾門重要理論基礎包含占星與卡巴拉在國內已被逐漸補齊，但如此具有療癒意義的深度作品還是首見，這點特別使我振奮！

可以這麼說，本書無愧於塔羅專著之林，說它所觸及的心理深度是國內頂尖也絕不為過。過去當然有不少書都提及了塔羅牌帶來的個人成長與內省，但鸚鵡學舌，語焉不詳者所在多有，沒有一本書能像《塔羅的奇幻旅程》具備如此寬廣而清晰的視野，獨特而且連貫。

這本書為塔羅寫作帶來了截然不同的典範，讓我們見證了一位塔羅大師的誕生。

鐘穎（心理學作家、愛智者書窩版主）

推薦序　說生命的故事，是一門藝術

何佳瑞

人是一個奧秘，塔羅牌是人接近自己奧秘的一種方式。這是我對這本書的一個理解。寫一本教人不經大腦也可以立刻使用塔羅牌的書籍不好嗎？例如《三小時教你學會算塔羅》。寫一本符合世俗價值的塔羅指南不好嗎？例如《讓你大富大貴的塔羅攻略》。我想，那類書就算讓人們起疑心，質疑它的可信度，還是會有人真的掏腰包去買。然而，王乙甯老師卻選擇了一條需要披荊斬棘的道路，她寫的是一本並不好寫的書，一本能夠幫助讀者自我理解、自我揭露以及自我成長的書，它叫做《敘事塔羅》。

我與王乙甯老師結識於二十年前，我們一起在世界宗教博物館工作。當時我們一起研究宗教信仰、宗教藝術、生命教育等各類課題，也常常在工作中彼此相互學習，並為了向大眾推廣這些內涵而絞盡腦汁。在我的許多朋友當中，她是少數能夠與我暢談宗教信仰、靈性、修行、生命意義的朋友之一。王乙甯老師探索塔羅牌的整個歷程，事實上也是她的自我成長和修行的歷程。她改變了我對塔羅牌的膚淺理解。有好幾次，她為我抽出的牌「解密」時，都給了我一些深刻的啟發。「敘事塔羅」並不是如浮萍般沒有根基的一個詞彙，事實上，它有著深厚的學術基礎，它應用了法國哲學家呂格爾（Paul Ricoeur）的敘事理論，它也融合了心理學家榮格（Carl Gustav Jung）的意識分析。藉著塔羅牌的圖像，求問者從無意識與意識之間相衝撞的火花中揭露了自己的生命敘事，在認識自己的同時，更開啟了新的可能性，由此而走上了一條通向自我成長、身心靈圓融的道路。這整套理論事實上是由王乙甯老師結合了宗教學、神秘學、圖像學、心理學以及哲學所產出的智慧結晶。然而，更難能可貴的是，王乙甯老師以流暢的文字、淺顯易懂的例子、生動的圖像說明，向讀者娓娓道來塔羅諸事，儘管有著深厚的學術奠基，但讀起來卻一點也不生澀。

我觀察到的「敘事塔羅」，有一些基本的特徵，個人以為它們是可以掌握全書精神的幾個特徵，在此分享給讀者。我想，這些特徵對於充分且深刻地理解「敘事塔羅」，能起到一些作用：

1. 從外在轉向內在自我覺察：自我認識

人是一種很奇怪的動物，當他帶著困惑去找塔羅師的時候，是因為他關心他自己，因此關心自己所處的困境以及自己的未來。可是一旦抽出了牌後，他卻忘了他自己，只關注自己的處境和未來，只在乎牌義，希望牌義可以直接指明他應該怎麼做。然而，弔詭的是，沒有一個人可以在無法觀照自己、充滿混沌的情況下採取明智的行動。在我看來，由外在轉向內在，就是自我覺察、自我認識的開始。這不是說外在就完全不重要了，外在也很重要，因為人的自我總是在與外在情境交會的過程中形塑出來的，然而，問題在於，求問者很自然地將注意力朝向於外在的世界，卻忘記了那個應接外在世界的自我。當下的自我是怎麼看待這個世界的？用什麼樣的態度和觀點去理解這個世界？又用什麼樣的人格特質去回應這個世界？他為什麼要這樣去回應外在世界呢？這些問題如果沒有在敘事塔羅中呈現出來，並且成為求問者自我觀照的契機，那麼塔羅牌就只是一種占卜術而已，它和八字、紫微斗數、手相面相一樣，占卜者怎麼說，求問者照做就好了。但這不是敘事塔羅想要做的事。敘事塔羅期望讀者學會用圖像解讀塔羅牌，每一次的抽牌，都是一次自我觀照、自我覺察的契機。自我觀照是自我成長的第一步，沒有這一步，自我成長、自我身心靈的圓融是不可能發生的。

2. 從命定轉向抉擇：承擔責任

塔羅牌在一般人的認識中，是一種占卜。多數人將之看成可以預測未來命運吉凶的「fortune telling」。尋求「fortune telling」的人，顯然相信「命運」這回事。然而，敘事塔羅所講述的命運，不是將未發生的事情看成是某種已經無法改變的命定，讓活的人去走一條已經死的路。恰恰相反，由敘事塔羅的角度觀之，命運是由每一個人親手創造的種種可能性。面對未來的種種可能性，那個轉向了本真的自我，必須在每一個「境界現前」中做出屬己的「抉擇」，親自譜寫自己的生命敘事，創造自己的命運。伴隨抉擇而來的是責任，責任不是別的，正是自己所創造命運的重量。它不是負累，而是自我生命敘事的重量，是人真實地活著的最佳證明。

3. 由態度決定高度：可能性與超越

王乙甯老師在陳述大秘牌的塔羅敘事練習時，給出了一個很能聚焦的公式：目前我在……問題上，用……態度（立場）來觀看事件，認為…………（對大秘牌的描述）。我很喜歡這個公式，在我看來，它所點出的「態度」，將成為我們親自譜寫一條屬於自己的最佳命運之契機。什麼是最佳命運？怎麼譜寫？這裡和我們之前提及的可能性密切相關，因為看見了可能性，我們才有機會轉換觀點、轉換態度，從而超越。這就像是玩橋牌，有人說牌一發下來，好牌、壞牌就定了，這是不錯的。然而，同樣一手牌，有人打得好，有人打得差。所謂「人生勝利組」這個頭銜，給的不是拿到好牌的人，給的是玩得好然後最後獲勝的人。當求問者抽牌後，他所看見的圖像，揭露了他看待事情的觀點、態度，而這樣的觀點和態度，只代表了「一種」可能性。自我揭露的目的，正是為了要找出更多的可能性，而不是要綁死在一種可能性之上。看清了現有態度和觀點所帶來的局限，我們才有可能轉化自己的態度和觀點，讓事情朝向一種完全不一樣的新的可能性去發展。這個在靈性的修養中，就叫做「超越」。「超越」來自於觀點的擴大，來自於可能性的擴大。這種擴大讓我們從困境的掙扎中走出來，活出生命的高度。由此觀之，我們甚至可以說，敘事塔羅的方法，其實是人在人世間這個大的精神操練場進行自我修行、自我提升的一種方便法門。

4. 以圖像深入有意義的敘事：美好人生

王乙甯老師精準的掌握到，沒有意義的人生是無法幸福的。意義，是在賦予意義的主體與外在世界交會時出現的，而人則是在不斷「賦義」的過程中去走完自己的一生。當我們在進行生命敘事時，我們不是在講一本流水帳。經歷了同樣一件困難又辛苦的事情，人人的反應卻都不一樣：有人可能說，「苦不堪言，死了算了」；或有人可能說，「吃苦當吃補」，這正是大好的學習機會；也有人可能說，「人生如戲，忍忍就算了，別太認真」；還有人可能說，「人生不如意之事十之八九」，受苦難免，但我不思那「八、九」，卻願常想那「一、二」（出自張忠謀）。所有的這些不同反應，都是在對同一事件賦予意義。一個作者在說故事的時候，怎麼賦義，決定了這個故事是悲劇、喜劇還是滑稽劇。而我們現在正是自己生命敘事的作者，懂得正面賦義的人，一生都活在陽光裡；習慣負面賦義的人，一生都處在黑暗中。生命的每一件事情都不是流水帳，「賦義」，就是要讓每一件發生在我們身上的事情，找到它幫助我們通向美好人生的適當位置。意義感其實是在通向美好人生的路上，覺得每一步都走得踏實的感受。塔羅的圖像，就像是一個媒介，幫助求問者或學習者，把生命活出那充滿意義的滋味。

《敘事塔羅》不僅僅是一本幫助我們深入了解塔羅圖像的書，更重要的，它是一本幫助讀者自我成長的書。我希望每位讀者都能像我一樣有一個美好的閱讀經驗，所以在此將這本書鄭重地推薦給大家，並祈願所有追求身心靈成長的塔羅愛好者，以此書共學共勉，攜手前行！

何佳瑞（輔仁大學全人教育課程中心、品牌與時尚經營管理碩士學位學程教授）

二〇二三年十一月八日

推薦序　敘事中臨現的魔法

鄭印君

記得小時候當時除了會跟同學、朋友一起玩撲克牌，若是當場有鄰居家的大哥哥、大姐姐們在，經常在遊戲的最後，總會有人提議要不要試試看撲克占卜。對於一個小孩子來說，藉由牌組的洗牌、抽牌、排列與解釋，總覺得很神奇。當然那時所謂的撲克占卜，主要是依照一些書籍或流傳的說法，經由所排列的牌組內容來說明其所蘊含的意義。

曾幾何時，塔羅牌漸漸地可在身旁見到，也開始從學生的口裡聽到「塔羅占卜」此一名稱。現時對於「塔羅占卜」的想法，大多與時下流行的占卜有所關聯，也可以看到不少「專業塔羅師」在進行相關活動，尋求著上述的「靈驗性」。有趣的是，塔羅占卜並未與任何一個我們所熟知的宗教傳統直接相關，因此一般人所認為的占卜與神聖（或超越界）的連結，在塔羅占卜這邊成為了未出現的「X」。當然，其會以卡巴拉、埃及神話、基督宗教、猶太教等來說明此一「X」的內涵，但實際上其靈驗性從何而來，應與上述宗教信仰並無直接關係。但若從不同的角度出發來看待塔羅占卜此一行為內容的象徵意涵，其實其呈顯著一種尋求解答生命疑惑的現象。這樣的現象對於一位宗教研究者而言並非是陌生的，反而是在進行宗教研究的過程中經常會遭逢的「日常」。宗教關注人與神聖之間的聯繫，以及在此一聯繫中人對於自身的生命之終極關懷，因此宗教研究者更多時候是懷抱著對於上述人神聯繫的思索探問與尋索熱情，來開啟、支持自身的研究。在這樣的關注底下，宗教研究者相較於一般學者，會更關注到敘事及從敘事而來所開展的臨現存在。

本書作者王乙甯就選擇了從敘事的角度，來為當代開展出塔羅占卜的一個重要面向，除了是其於碩博士階段學術研究之探尋外，也呈顯出她對於生命的關注與熱情。這樣的關注與熱情，不僅聚注於學術研究上，也可從她於輔仁大學宗教學系及社區大學的授課中看見。何謂敘事（narrative）？就西方敘事研究（narratology/narratologies）的定義觀之，其為對於故事（story）之講述（telling），亦即「講述故事」（story-telling）即是藉由將外在時間納入自身所講述的故事之中，使其與自身的關切趨同，並在其中展現出自身的存在者。因此，敘事並非僅是情節的羅織與話語的運用，其更是語言符號中或隱或顯的主體指向。乙甯從呂格爾（Paul

Ricoeur, 1913-2005）對於敘事與自我認同的精闢見解中，獲取了自身探尋所需之養分，並使其豐沃自身多年的塔羅占卜教學實踐經驗，進而關注塔羅占卜如何「連結了意識與無意識」，使得「原來沒有通的意識中的思維、知識，與無意識中的經驗碎片與感知」，在塔羅占卜的「橋上相遇與碰撞……帶給我們覺察與領悟生命的意義」。乙甯在本書結語中引用張愛玲《愛》的詩句，自有其對於人世關切的豐富情懷。因此，在塔羅占卜的解說敘事中所臨現的並非靈驗優位、亦非關涉真假，而是關切生命之愛的「魔法」。此一魔法在塔羅占卜此一場域／場遇，召喚象徵、意識、無意識、思維、知識，甚至欲望與創傷。但也就是在此一場域／場遇中，生命的創造性才能在話語的形塑中呈顯出來，為詢問主體提供在分隔與斷裂之處的另一可能取徑。

鄭印君（輔仁大學宗教學系副教授兼系主任）

推薦序　和塔羅圖像一起說故事

蔡怡佳

《敘事塔羅》是作者王乙甯和塔羅牌相識相知多年後，為塔羅牌的運用所開啟的新篇章。敘事是故事的說出；故事則是混沌迷惘的事態中，意義形貌的織就。塔羅牌在主流占卜的運用中，以豐富的圖像為求問者的問題道出事態的可能發展，原來已經蘊含著說故事的潛力。《敘事塔羅》把這個原來就存在著的「潛力」以深入淺出的方式精采地勾勒出更具體的形貌，指出塔羅牌除了占卜，也是照見自我、說出自我故事的橋梁。

如何說故事？自我的故事又如何敘說？生活在一個「失去神話」的時代中，我們也逐漸喪失說故事的技藝。我們周遭不乏厲害的創作者為我們寫出許多動人的故事，但我們卻以為說故事的能力只是少數人的天賦。塔羅牌在占卜中的運用也大多依靠占卜師的直覺，或是專家從圖像推敲出故事的能力。除了做為故事的「消費者」（consumer），把別人為我們說的故事吃下去，我們是不是也可以成為說故事的人？尤其是關於自我生命的故事？《敘事塔羅》提出了如何運用塔羅牌成為練習說出生命敘事的方法，這個獨特性使得《敘事塔羅》不只是塔羅牌運用的工具書，也關乎如何恢復說故事的技藝。

說故事並不容易，為複雜的事態看出意義的形貌，尤其是能夠帶來反思與行動的生命故事更是困難。為說故事的初學者來說，圖像是很好的媒介；在難以憑空說出生命故事時，塔羅牌就可以成為好幫手。本書的前言與前面兩章是關於塔羅牌如何成為自我生命敘事之媒介的精彩論述，第六章〈塔羅敘事的方法〉則是開展生命敘事的方法說明。《敘事塔羅》提出大祕牌的意義指向應對事情的態度與觀點，是進入深度自我覺察的媒介。小祕牌指向發生的事件，宮廷牌言說的是人格特質。這三個軸線提供了敘說生命故事的意義線索。《敘事塔羅》提出了具體的練習方法，以及對於詮釋的練習很有幫助的案例，讓塔羅牌除了指出「占卜求問者」所關切的事態的發展，也為「生命探問者」打開了一條指向內在生命、關乎自我生命的故事之道。

《敘事塔羅》第三、四、五章對於大祕牌、小祕牌與宮廷牌的解說，可以理解為作者多年運用塔羅牌，為塔羅牌如何成為內在生命指引所提出的精彩詮釋。讀者除了「按牌索驥」，也可以從這些詮釋出發，開展自己與塔羅牌一起說故事的歷程。自我生命故事的敘說不能請他人代勞，但可以透過他人的經驗與方法為自己找到一個練習的道路。《敘事塔羅》是從作者乙甯老師從自己與塔羅牌多年對話的經驗與反思中析鍊出來的作品，邀請大家以塔羅牌豐富的圖像象徵做為連結意識與無意識、自我與世界的橋梁，擴展對自我的覺知，也練習說出自己的故事。任何對於牌卡圖像象徵與自我敘說有興趣的讀者，都可以從書中得到深刻的啟發。

蔡怡佳（輔仁大學宗教學系教授）

Preface

前言

塔羅的奇幻旅程

二十幾年前，當我第一次在國外網站看到塔羅牌時，非常驚訝。當時我在世界宗教博物館當導覽員，對宗教藝術與圖像深感興趣，所以當我在圖像中同時看到埃及、基督宗教、猶太教等的象徵時，覺得不可思議，無法理解一神教如何與其他宗教象徵相融合，非常好奇圖像背後的淵源。當時在台灣塔羅占卜還沒流行，市面上只有幾本翻譯的塔羅占卜書，翻看了幾本，除了占卜應用外，沒有太多圖像相關訊息。我也購買了韋特牌，開始用我有限的宗教知識去解讀韋特圖像，雖然也試著把這些圖像結合為占卜，但怎麼也無法理解，這些宗教象徵與占卜有著什麼樣的關係，或者說，占卜雖從擷取紙牌中的牌義，但有很多牌義並不一定是從圖像延伸出去的，所以占卜應用似乎不需要理解太多圖像細節，只要背誦牌義，就可以練習占卜。但從圖像研究開始的我，在轉換為占卜應用上反而遇到了很多問題，最後只好放棄，所以我學習塔羅的最初幾年都在做圖像研究，沒有應用為占卜。

幾年後，塔羅占卜變得更為普遍，身邊知道我在研究塔羅的朋友，偶爾也會問起是不是可以占卜，所以我又有了想要嘗試占卜的想法，心裡想著，之前的挫折可能是我對塔羅圖像的理解不多，現在或許就會有不同的結果。但結果還是一樣，雖然每次抽出來的圖像我都看得懂，卻無法回答是否需要離職？九月出國旅遊好不好？要不要跟對方分手等問題，所以我又放棄了。當時我購買了瑞秋．波拉克（Rachel Pollack）的《塔羅智慧》（*Tarot of Wisdom*）一書，這本書針對每張大祕牌都提出了身心靈覺察與成長的提問，這些提問方法給了我很大的啟發，至此我就放下了占卜書，透過每日抽牌與圖像解析，慢慢摸索我認為的塔羅占卜的應用方法，經過一段時間的摸索與練習，我才發現過去在占卜應用上的挫折，並不是我對圖像不了解，而是提問錯誤，問題的方向錯了，才會一直在答案上卡關。

當我們把注意力從占卜答案轉向塔羅圖像，就會發現塔羅占卜是「看圖說故事」。故事無法回答Yes／No的問題，但故事把狀況展現在眼前，讓求問者透過故事思考發生了什麼事、為什麼會發生這些事、在事件裡的我又如何。這就像如果你有工作煩惱，正在思考要不要換工作時，去問了信任的長輩，結果對方沒有告訴你換還是不換，反而說了一個自己曾經遇到的工作上的故事，雖然長輩沒有說該怎麼做，但你聽了故事突然有了一些領悟，並且幫助你不再糾結在換或不換工作，而是重新審視自己在工作上遇到的問題，或許問題不在於換工作，而是在於我要如何應對遇到的困境。

對塔羅占卜的全新理解，開啟了我對塔羅占卜的學術研究的道路，當我把塔羅占卜設定為「看圖說故事」時，才慢慢發現塔羅占卜可以幫助我們透過故事傳達「意義」。說故事就是所謂「敘事」，敘事起初雖是從文學領域開始的理論與分析方法，但哲學家呂格爾[1]卻從敘事延伸出了身份認同的思考。他認為我們在說自己的人生故事時，就像故事創作者，會對自身的記憶重新進行編排，形成有關「我」的敘事，這些敘事承載著我們的身份認同，以及敘事當下我們所理解的生命意義。呂格爾的理論，成為我在發展塔羅研究的主要思維，把求問後形成的抽牌答案，視為是一個人的生命敘事，一旦把塔羅占卜視為生命敘事，我們在抽牌中獲得的並不是有關未來的答案，而是透過敘事對自我進行另一面向的理解，而這種理解就是覺察，也是在拓展自身的生命觀。

這就是我的塔羅占卜，當我深究圖像時，圖像裡的象徵帶領我進入宗教、神祕學、神話、心理學等的人文領域，從這些人文領域的學習，在每次抽牌解牌時，塔羅圖像帶給我的是生命敘事，而不是預測未來的答案。後來持續進行塔羅的博士研究，更深入到塔羅在靈性發展上扮演的角色，以及圖像與靈性成長之間的關係。

---

1 Paul Ricoeur，二十世紀法國哲學家。

塔羅、塔羅牌、塔羅占卜在西方文化的發展脈絡是不同概念，但在台灣，我們對塔羅占卜的概念太粗略，忽略了塔羅牌在占卜之外的應用。雖然市面上已有很多類型的塔羅書，但還是以占卜書占多數。很多人都是以學習占卜為目的進入塔羅領域，但如果不想成為職業占卜師，也不會積極去練習，所以占卜技巧無法精進。塔羅牌其實還有另外兩種類型的學習：圖像研究與身心靈應用。這兩種類型是針對沒有要成為職業占卜師，但想透過塔羅抽牌，解決自身或親友所困擾的人生問題，更專注在塔羅圖像的象徵解析，以及抽牌的故事應用。

這本書是韋特塔羅牌作為身心靈應用的入門學習書，所以較注重圖像的生命觀，而不是占卜術的牌義。神祕學的生命觀艱澀難懂，初學者很難直接進入，所以這本書把原有的神祕學生命觀，轉換為生活語言，並透過幾項人生主題，進入大祕牌的介紹，希望幫助初學者，從大祕圖像進入延伸的生命思考，拓展學習者的人文內涵，進一步在占卜應用時，這些內容可以帶領學習者進入深層的生命覺察與領悟。在占卜應用上，也會跳脫傳統占卜的提問與牌陣應用，讓大家透過學習塔羅，不是預測外在事件，而是走向生命成長的道路，藉由成長，讓自己更能成熟應對困境與人際關係，最後走出屬於自己的幸福之道。

Chapter 1

不只是占卜，讓我們走進生命成長的塔羅牌

應對煩惱的四階段與塔羅占卜的三面向

很多人在經歷困境時會藉由「占卜」來解決問題，我們以為找方法解決問題就已經做到了面對與接受，但在占卜諮詢中常常發現，很多人是帶著同樣的問題重複找占卜師求問，這表示就算占卜出答案，未必代表能夠真正解決問題，那人生問題要如何才能真正獲得解決呢？「面對、接受、處理、放下」是解決人生困境的四個階段，事件經歷者沒有進入「面對」與「接受」的過程，只是滿心期待著事情能夠盡快得到解決，這時候我們做的任何解決都只是治標不治本。

工作中的人事問題、與主管的互動、感情中的摩擦……我們以為換一個環境、換一群人，事情就會不同，但靜心思考過去到現在，用改變環境的方法處理問題的結果是，絕大多數都會與同樣的問題再度相遇。這時很多人會很無奈的回應自己：「我運氣好差」、「為何我都碰不到好緣份？」但到底是我們倒霉、運氣背？還是我們一直在用錯誤的方式應對困境？一般占卜都是在幫助求問者「處理」問題，如果有人工作不愉快，就問換新工作是否比較好？感情不順利，就問何時可以遇到好對象？針對這些問題回應就是我們認為的「占卜」。但塔羅占卜可以再往治本的方向發展，幫助我們真正走出困境，不讓同樣的事件重複發生。

治本的塔羅占卜要先理解應對人生煩惱的**面對**、**接納**、**處理**與**放下**的個別意義。所謂「面對」就是讓我們「看到問題」，在這裡的「看」是自我覺察，是自我的問題意識。如果今天有人來問換工作的事，而換工作的原因是在目前的工作有人際關係不和或不愉快，那求問者必須先「看」到，換工作的心態是不是在逃離問題？如果在每次換的工作後沒多久就又出現人際關係問題，問題可能不在外面而是在求問者本身。面對的下一個階段是「接納」，這是一個需要對自己的選擇負責任的階段，任何問題的存在與我們所做的決定與行為有關，所以不論目前的處境是喜歡或不喜歡，都是自己選擇的結果。

當然有些時候，我們似乎會落入不得不的處境，但不得不的處境常常也是因為自己設下的思考陷阱與條件，也是我們選擇安全、熟悉的道路的結果。在不想接納結果的生命處境中，我們很容易把問題怪罪到他人身上，如果工作不愉快，就會怪罪主管難搞、同事不好相處、公司制度差；如果感情不順，就會怪運勢不佳、對方不懂得珍惜等。這些理由會把解決問題的注意力放在他人身上，所以有些人就會選擇用換工作、分手、離開來解決不愉快的處境。一旦經歷了面對與接受階段，我們自然會開始明瞭處理的方法。而塔羅占卜解牌的三面向，就是為了在解牌時，幫助解牌者進入應對煩惱四階段的方法。

塔羅占卜解牌的三面向分別為身、心、靈。「身」的占卜指外在事件，也就是我們熟悉的占卜功能，對於遇到的事件給予方向與答案，這是日常生活的占卜應用。但要進入面對、接納與處理，就需要進入「心」的面向，也就進入了所謂的自我覺察與探索領域。在這種面向的解牌，要重視的並不是發生了什麼事，而是要覺察「事件中的人怎麼了？」所以在解牌的過程，要能夠從圖像中解讀意圖、動機與心理狀態，這時候更需要從圖像的觀看中獲得啟發，圖像的色彩、構圖、象徵、配置，以及與抽出來的圖像產生的連結等，這些細節都會成為幫助我們解讀的線索。

例如有人想換工作，在「現在」的位置抽出聖杯8，「未來」的位置抽出五角星5。除了代表這個人要離職以外，也呈現了求問者在追求更上一層樓的機會，求問者想要更大的成就，卻沒有清楚認知到自己的需求，在找新工作時還是以穩定、自己熟悉的領域為主，所以五角星5提醒的是這種行為在找工作上會遇到的困境；或者求問者並沒有為自己的更上一層樓建立基礎，只是想要得到更好的工作，在找工作的未來就會遇到五角星5的不如意；或者是抽牌者想要追求夢想，但夢想無法給予安穩的經濟條件，所以會讓自己走向五角星5的處境。所以從聖杯8的出現，不只告訴抽牌者想要離開工作這件事，也可以進一步從圖像引導求問者去「看到」換工作的真正動機，並協助抽牌者去思考對未來最好的處理方法。

最後的「靈」的面向與信仰、宗教與靈修有關，這一面向的解牌才能真正進入「放下」階段。人生有很多煩惱未必能夠解決，生離死別等問題，不是要解決，而是需要我們去跨越。跨越來自於心靈，所以靈面向的解牌更需要解牌者具備宗教、神祕學或對生命的深入洞見，並從靈性層次領悟煩惱為何而來。「靈」面向的解牌不再有任何解牌規則，依每位解牌者所體悟到的生命智慧，從圖像中進入深層的心靈世界，也可以從探究心靈的心理學理論切入，並從塔羅圖像獲得心靈啟發。所以靈面向的解牌，不只要對塔羅圖像具備足夠的理解，解讀者也需要先具備充足的人生思考，這些思考與圖像碰撞後轉換為智慧，帶給我們跨越煩惱的領悟。

接下來介紹學習塔羅的不同類型與方向。

塔羅占卜術、塔羅敘事、塔羅身心靈占卜有何不同？

占卜術指稱自古以來運用為預測未來的數術，塔羅占卜從十八世紀開始，分成了兩個應用路線，一是神祕學者們的圖像研究，另一種是占卜術的大眾文化，這兩者到了二十世紀初，相互結合，無法再清楚區分兩者的差異。但目前觀察台灣的塔羅牌使用，還是可以分為占卜術與身心靈應用的差別。

注重預測未來的塔羅占卜，重視占卜師的經驗與直覺，對塔羅圖像的宗教與神祕學意涵未必會深究，這種占卜應用方法在本書稱為「塔羅占卜術」。

另一種應用方式重視圖像的象徵分析，透過宗教、神祕學、神話、藝術等人文學科的方法，對塔羅圖像進行多層解讀，在占卜應用上，不再只是依賴牌義，而是從圖像分析生產解牌內容的占卜應用方式，在本書稱為塔羅身心靈占卜。

本書的占卜法，雖也是以圖像解析為主的身心靈占卜，但在占卜應用上，放入了敘事技巧，所以特別稱為塔羅敘事。

圖像學習

塔羅牌原先是十五世紀左右，義大利貴族們使用的遊戲紙牌，之後透過貴族的聯姻，慢慢流傳到義大利之外的地區，但到了十七世紀左右，塔羅遊戲便已失傳。經歷啟蒙運動的歐洲，知識份子們開始對有著哲學思維的神祕學產生興趣，煉金術、占星、占卜、魔法，以及當時介紹到歐洲的東方宗教與靈修思想，都引起了想在精神領域有所追求的知識份子們的好奇，並推動了西方神祕學的復興。當時歐洲中產階級快速興起，社會的商業活動興盛，透過更多的書籍印刷，知識也普及到各個階層，十八世紀中，在法國馬賽地區，透過零散遺落在城市的塔羅牌，新的塔羅牌被印製出來，但當時沒有人知道塔羅是怎麼來的、拿來做什麼，反而開始得到神祕學者們的注意。

馬賽塔羅只有二十二張大祕牌有人格化的圖像，以及跟歐洲文化及社會傳統有關的文字標題，另外五十六張紙牌形式與撲克牌類似，所以當時神祕學者們關注的是大祕圖像。神祕學者安東・傑伯林（Antoine Court de Gebelin, 1725-1784）是第一位出版塔羅與神祕學研究相關專書的學者，當時他把二十二張大祕牌視為各種神祕學象徵系統的圖像匯總，並把塔羅的起源追溯到埃及，認為這些圖像是埃及的托特神給予祭司的神祕智慧，但因為埃及文化滅亡，原來的圖像失傳，所以需要更深入的研究，把失傳的部分找回來。傑伯林的埃及與塔羅學說，普遍為神祕學者們接受，開啟了塔羅神祕學的研究風氣。因傑伯林的專書，當時在民間以算命術出名的艾利埃特（Jean-Baptiste Alliette, 1738-1791），就從傑伯林的埃及學說出發，重新繪製一套新的占卜用塔羅牌，並出版了塔羅占卜書，加強塔羅占卜的神祕性。傑伯林與艾利埃特，一位是歐洲的知識菁英、一位是民間術士，他們兩人在不同社會階層，各自推動了塔羅的圖像研究以及占卜應用。傑伯林的圖像研究後來由另一位法國神祕學者列維（Eliphas Levi, 1810-1875）繼續下去，但艾利埃特的占卜牌卡卻沒有持續流傳，而塔羅牌的占卜應用，一直到一九一〇年韋特塔羅的發行才又開始興盛起來。

在歐洲的神祕學領域，將列維稱作高階魔法之父，他系統化的整理龐大的神祕學，並且推出了塔羅與卡巴拉（Kabbalah）神祕主義相關的學說。列維一直對猶太教神祕主義很有興趣，雖然一開始也受到埃及與塔羅研究的影響，但他在卡巴拉神祕主義找到了更多與塔羅有關的象徵，列維的塔羅研究影響至今，目前還有很多人會用卡巴拉神祕主義解讀塔羅，也影響到一八八八年在英國成立的祕密學會「金色黎明會」（Hermetic Order of the Golden Dawn）。第一位把列維的神祕學翻譯介紹到英國的是韋特（Arthur Edward Waite, 1857-1942），他後來也進入了金色黎明會，並發行了現今最廣泛使用的韋特塔羅牌。

韋特是在美國出生的英國人，也是一位天主教徒，他的塔羅牌研究脫離了列維的影響，並從塞爾特的聖杯傳說中找尋與塔羅有關的根源，認為塔羅與中古時期消失的天主教神祕教派有關，為了建立自己的研究特色，韋特邀請當時也在金色黎明會的藝術家潘蜜拉（Pamela Colman Smith, 1878-1951），一起創作了新的塔羅圖像，並在一九一〇年在自己創立的出版社對外發行塔羅牌。這是在艾利埃特之後，第一套對外發行、完整的占卜用塔羅牌，雖有些學者認為韋特塔羅的銷售成功，與韋特自己擁有出版社有關，但潘蜜拉所繪製的圖像風格，脫離早期歐洲貴族與埃及等的形象，更符合當時代大眾所熟悉的戲劇或廣告意象，也是韋特塔羅普遍受到大眾喜愛的原因之一，而且原來沒有圖像的四十張小祕牌，到了偉特塔羅，全都轉換為有故事的人生劇場，在占卜應用上，讓塔羅小秘牌與只有數字與元素圖案的撲克牌形成區隔，建立了塔羅牌的特殊形象，這些都是偉特塔羅對後續的塔羅占卜發展帶來的重要影響。

偉特塔羅發行之後，塔羅的圖像研究與占卜結合得更緊密，形成了現今我們使用塔羅占卜的模式，但在偉特塔羅之前神祕學者們的圖像研究，還是有很多不同領域的人文學者在進行，至今也有很多相關專書出版，例如：從馬賽塔羅的大祕牌講解天主教靈修的《塔羅冥想》（*Meditations on the Tarot: A Journey into Christian Hermeticism*）、從東正教靈修解讀偉特大祕牌的《與塔羅有約》（*The Symbolism of the Tarot*）、從榮格原型理論分析二十二張大祕牌的《塔羅與原型旅程》（*Tarot and the Archetypal Journey*，暫譯），從佛教修行解讀二十二張偉特大祕牌的《塔羅中的佛性》（*The Buddha in the Tarot*，暫譯）等。雖然在台灣翻譯出版的相關專書不多，但在國外，透過塔羅圖像進行人文領域研究的努力還在繼續。

塔羅圖像研究可以分為兩個方向，一種是從探討精神生活的人文領域切入，透過塔羅圖像來解釋形上學的內容，這類型的研究如上述提到的宗教靈修、榮格心理學等的方向為多數。這是以人文領域為主、塔羅圖像為輔的研究方向，也就是用塔羅圖像來解釋形上學的補助教材，雖然可以拓展我們對塔羅圖像的理解，但背後需要對相關的人文領域有整體的知識概念，才能做類似的說明，這也是神祕學者們開啟的研究方法。另一種是從藝術的圖像學角度，從歐洲文化、歷史、藝術等的觀點，分析塔羅圖像的特色，這是透過各種人文領域的知識，讓我們更能認識塔羅圖像的方法，不再只是以占卜用紙牌的方式理解塔羅牌，而是把塔羅圖像視為圖像創作，進入塔羅的藝術與文化視野上的解釋。二十世紀初，美國的紐約圖書館員格特魯得．莫克利（Gertrude Moakley）就有進行類似研究，並出版過幾本著作。台灣近期翻譯出版的《塔羅博物館》（*Tarot and Divination Cards: A Visual Archive*）也屬於圖像研究方向。但不論是哪一種方法，圖像研究都不注重占卜應用。

塔羅占卜術

在台灣，用為未來預測的方法統稱為算命占卜，在英文可以用fortune telling 或divination來表示，在塔羅神祕學研究時期，坊間也開始流行塔羅占卜術，這些占卜與看掌心、咖啡渣、撲克牌占卜類似，主要作為預測未來的用途。神祕學者列維就曾經嚴格區分神祕學者們使用的塔羅與坊間的占卜術之間的差異，並且把神祕學研究稱為tarot divination、占卜術用fortune telling來區別。同樣的塔羅牌，因為使用族群不同，出現了不同的應用方法，不僅歐洲神祕學如此，在中國也曾出現過廟裡求籤的籤詩，不識字的市井小民用來預測未來，而在文人雅士間則成為休閒的文字遊戲。塔羅占卜的divination或fortune telling的差別，主要在於使用者是否為圖像研究者，因為經由圖像研究的抽牌解牌過程，會進入神祕學的生命觀，較注重人的精神層次。但大眾應用的占卜術，重視外在事件的運勢，人是被外在事件掌控，比起一個人的精神生活，更重視如何預知運勢並趁勢而為。

中國傳統的占卜術也與預測運勢有關，所以當塔羅牌以「塔羅占卜」的形式被介紹到台灣，我們對傳統占卜術的想像與理解，成為認識塔羅占卜的概念，而這種概念較接近占卜術（fortune telling），所以大眾普遍應用的塔羅占卜，就以預測未來的應用為多。塔羅占卜術，不太需要深入理解圖像背後的神祕學意涵，只要對每張紙牌所代表的牌義有概念，就可以進行占卜，占卜解牌比起對塔羅圖像與對神祕學的理解，更需要占卜經驗的累積，透過實戰經驗，對求問者所求的運勢問題，給予明確的答案。塔羅圖像本身無法給予是與否的答案，所以針對「是否要換工作？」「是不是要分手？」「對方喜歡我嗎？」等問題的答案，是職業占卜師以個人的經驗與直覺來回覆，與神祕學研究沒有直接關係。目前台灣坊間大多為塔羅占卜術，這類的學習通常是針對運勢發展以及外在事件的未來預測等問題，期待塔羅占卜能夠給予是與否的明確答案。

塔羅牌的發源與占卜無關，它原先是遊戲牌卡，所以並沒有可預測未來的神祕性，但艾利埃特把塔羅占卜術的淵源連結到埃及的托特神之後，塔羅占卜就蒙上了一股神祕色彩，但艾利埃特的塔羅圖像不易解讀，所以也沒有普及化，直到韋特塔羅的發行，塔羅占卜術才普遍被大眾認識，但韋特塔羅把所有紙牌轉變為人物圖像後，為預測未來的占卜術帶來了意想不到的轉變。用韋特塔羅占卜時，雖然求問者也會問「是與否」的問題，但塔羅解牌自然而然就會變成看圖說故事，占卜師雖然也會給予答案，但比起最後的答案，由塔羅牌呈現的人生故事在解牌時也變得重要起來，而且易讀的圖像，讓原來只能依賴占卜師的解牌，求問者也會從抽出來的圖像進入解讀，讓塔羅占卜以占卜師與求問者相互對話與討論的方式發展，而占卜師不再是鐵口直斷的權威發言者。在韋特塔羅牌的發行期間，美國正在展開靈性思想運動，這兩者在美國相遇，猶如法國神祕學對塔羅牌形成的重要影響，美國的靈性思想與韋特塔羅的結合，成為了今日塔羅占卜的身心靈應用的開端。

身心靈塔羅占卜

開啟塔羅身心靈占卜領域的是艾登・格雷（Eden Gray），艾登・格雷原先是美國新思想運動的演講者，新思想運動二十世紀在美國推動了精神療法（Metaphysical Healing），專注於人的積極、正向思考，相信每個人內在都有神的本質，只要透過內省與擺脫負面想法，每個人都可以展現內在的神聖力量，並讓一切心想事成，「思想就是實相」（Thoughts are things）成為運動的主要精神。艾登・格雷將塔羅占卜用來清理負面想法，並讓人獲得正向力量。她出版的塔羅占卜書，從圖像解讀開始，雖然也有占卜應用，但解牌注重求問者身心狀態的覺察，同時介紹歐洲神祕學對塔羅牌的解讀，以及塔羅圖像的冥想運用，為塔羅學習開拓了更多元的圖像與精神療癒的應用。雖然艾登・格雷的書並沒有介紹到台灣，但這時代重要的塔羅身心靈領域推動者如瑞秋・波拉克、瑪莉・K・格瑞爾（Mary K. Greer）等人，在台灣翻譯成中文的著作如《78度的智慧》（*Seven-Eight Degrees of Wisdom*）、《跟著大師學塔羅》（*Understanding the Tarot Court*）等，都較為注重塔羅圖像的深入解讀，以及塔羅牌在占卜之外的應用。

從美國的新思想運動推動的精神療法，強調個人的內在力量，甚至外在事件的發生，也不再歸咎於運勢，而是可以由人的正向思想來進行改變，所以個人成為自身命運的負責人，不再怪罪他人，而是從自己的改變帶來命運的改變。所以身心靈塔羅占卜，重視求問者的自我覺察，在解牌時，不只是未來要怎麼做的答案，而是進一步從塔羅圖像中，透過故事，分析與診斷求問者的身心狀況。如果要從占卜解牌獲得求問者身心狀態的覺察與分析，只從牌義著手是有所不足的，這時候，圖像背後的宗教、神祕學等的生命觀就會變得重要。當求問者問：「在工作上為什麼會遇到困境」時，如果抽到「倒吊人」，通常我們會以倒吊人所代表的牌義去解牌。但神祕學的生命觀在於把二十二張大祕牌視為連續性的歷程，圖像意義與它所在的大祕序列也有關係，以倒吊人為例，出現在正義牌與死神牌中間，強調如何翻轉原來自認合理的道理（正義），然後讓阻礙自己成長的價值，在死神牌被拋棄與跨越，所以求問者目前在工作上遇到的問題，是求問者自身已知道無法繼續用舊做法與舊觀念維持現有工作，心中有太多質疑，讓求問者無法視而不見，如果想要解決現階段的問題，就要走向死神，就算痛苦，也要承認改變無可避免的現實。

除了把二十二張大祕牌視為生命歷程進入解讀，韋特圖像也可以從象徵意象進入生命覺察，例如把正義、倒吊人、死神三張圖像放在一起，正義背後隱藏的黃色、倒吊人的黃色頭光、死神背景升起的黃色太陽，這三個黃色意象，似乎在說明原來在正義躲避的事實，在倒吊人無法視而不見，如果堅持倒吊人所見到的事實，雖然會經歷死神，即帶來改變的痛苦，但唯有如此，才能走向新的開始。所以倒吊人在生命歷程上，代表突然認清自己是醜小鴨，無法順著他人的要求，過他人期待的生活，所以走向死神，決定讓自己不要再偽裝成小鴨，成為天鵝。

身心靈塔羅占卜的學習，比起占卜術，需要花更多時間學習圖像內容，同時也要能夠更系統化的閱讀宗教、神祕學、心理學、哲學等的人文材料，幫助學習者走進更深入的生命思考。當然，這些生命思考，如果有足夠的思考能力，不需要塔羅也能夠做到，但身心靈塔羅占卜能透過求問的方式，幫助求問者透過身邊發生的事，快速又聚焦的進入到問題核心。比方說，生命探索就像在個人的無意識中尋寶，無意識就像大海，太過廣闊及深遠，沒有工具的幫忙，需要靠運氣才能找到寶藏的位置，但塔羅占卜就像探測雷達，可以幫我們鎖定寶藏所在的位置，但是否能夠到達寶藏所在地，並且把它挖出來，就不是塔羅牌能夠做到的事，而是塔羅解讀者所擁有的人文思考厚度，才是獲得寶藏的關鍵。當我們不再把塔羅占卜視為預測未來的工具，而是幫助我們覺察此時此刻的自己的時候，我們就進入了將塔羅占卜運用為身心靈成長的領域。

Chapter 2

韋特塔羅與身心靈成長

身心靈塔羅占卜是將神祕學研究與占卜術，透過韋特塔羅相結合的結果，在過去，神祕學是社會菁英的領域，占卜術是大眾的需求，到了知識大眾化的時代，這兩者的距離不再南北相隔。艱澀難懂的神祕學，透過韋特塔羅易讀、易懂的象徵圖像，更輕易的轉換為占卜，讓塔羅占卜以生命成長的面貌走入了我們生活。

韋特塔羅的七十八張紙牌都是有人物的圖像，與之前只有二十二張大祕牌為象徵圖像、其他是撲克牌形式的元素與數字牌有所差異。元素與數字的占卜解讀是符碼解密，當我們使用馬賽類型的塔羅牌，在多張抽牌時，就有可能落入圖像解讀與符碼解密的形式混淆。

所謂符碼解密，以易經占卜為例，易經的六十四卦是一種符碼，這種符碼無法直接形成故事聯想，而是透過符碼背後的文字敘事，才能進入情境的想像。易經的爻與爻詞的關係需要背誦，那不是可以自然聯想的結果。

但韋特塔羅無論抽出幾張牌，都會形成人物畫組合，我們在觀看人物畫時，不論有沒有看懂，在懂之前，人物畫裡的各種意象，會直觀的與我們過去的生活經驗相連，這種連結會喚起記憶中遺忘的經驗，也會幫助我們重新找回經驗中的感覺。人會在生活中迷失，就是因為遺忘了曾經的感受，但人物畫會再次幫我們喚起，這也是為何欣賞畫會讓無趣的生活開始有溫度，這種喚起也會幫助我們進入此刻的生命覺察。韋特塔羅的占卜應用，在圖像與占卜形成的故事兩方面都能推動個人的心靈成長，接下來就介紹圖像、故事與心靈成長的關係。

韋特塔羅圖像的特色

韋特與潘蜜拉所生活的時代，剛好也是象徵主義（Symbolism）藝術風行的時候，象徵主義的手法較常用於以圖像表現思想的畫作，尤其神祕學是形上學的一種，無法用一般語言或圖像表述，需要透過想像力對自然與宇宙萬物進行類比式的思考，才能有所體悟。所以象徵主義的繪畫並不只在表述情感，更透過畫裡的特定表現，傳達畫中的話（思想、觀念），而象徵需要有相關的知識背景才能解讀，不是直覺，比如古文中的典故，如果沒有相關知識，當我們讀有典故的詩詞，只能讀懂表層的文字描述，卻無法理解詩人透過典故想要傳達的意義。所以解讀象徵畫，可以是純情感層面的欣賞，但如果真要讀懂繪畫的內涵，就要理解象徵背後延伸的意義。

潘蜜拉雖以畫大眾化的戲劇海報或布幕維生，但在進入金色黎明會之後，也創作了神祕主義繪畫作品，韋特就非常欣賞潘蜜拉的畫作，曾稱讚潘蜜拉為「最富想像力又特殊的靈性藝術家」。但他們一起創作塔羅牌的圖像時，大祕牌早在法國神祕學時期就被視為是神祕學的象徵系統，所以每張圖裡的色彩、人物構圖與配置、文字與數字之間，都有著很深的意義連結。韋特在思考大祕牌的圖像時，以他的博學，必然已經博覽過去神祕學者們對馬賽塔羅做的各種研究，最後再由韋特自身的天主教靈性觀，重新整合進每張大祕牌的圖像中，並透過潘蜜拉的視覺轉化，表現成我們認識的韋特塔羅大祕牌。但小祕牌的創作，很多塔羅學者認為韋特並沒有參與太多，全都交給潘蜜拉創作，以現在合作關係來描述是，創作者的自由度很高。

韋特在《塔羅圖像關鍵》（*The Pictorial Key to the Tarot*，暫譯）一書中確實也有表態，小祕牌是占卜應用的牌組，與大祕牌表現神祕學的思想有所差異，所以韋特的塔羅研究集中在大祕牌的圖像內容。如果觀看小祕牌，每張圖有很濃厚的人生劇場的意味，可以想像潘蜜拉將劇場藝術家的身份充分應用在創作上。雖然現今我們都認為韋特牌是第一幅把小祕牌人物化的塔羅牌，但在一四九一年義大利就出現過圖像化的小祕牌Sola Busca Dek，而在一九〇七年這副牌卡便已收藏在大英博物館中，並對外展出，所以在韋特塔羅創作期間，潘蜜拉就有可能參考這些牌卡上的圖案。無論如何，韋特小祕牌的人物畫，以鮮明的色彩、人物動作，再加上原本小祕牌上的數字與元素，生動的表現出四十種人生劇場，解讀圖像本身就可以是對人生的學習與理解。再加上十六張表現人格特質的宮廷牌，韋特塔羅牌的占卜，脫離了原來符號的解碼式對照，不論抽幾張紙牌，都會成為圖像解析式的解牌。進入到圖像解析就需要分析象徵與構圖，所以韋特塔羅的解牌一方面是應用理性，進行科學式的分析方法，另一方也會透過圖像，進入無意識的直觀與靈感，意識與無意識透過塔羅占卜的意象連結，就有可能促成對生命的「悟」。

大祕牌、宮廷牌、小祕牌的圖像分析差異

本書解析了大祕牌、宮廷牌的圖像，但並沒有用同樣的方法解析小祕牌。大祕牌與宮廷牌的呈現方式為象徵圖像，每張紙牌上的圖，都需延伸解釋的方式補充紙牌上的文字概念。所以魔術師頭上的無限大符號，需延伸解釋為魔術師應用地火水風這些大自然元素的能力，象徵了魔術師擁有質變的潛

能。而宮廷牌上每個人物的姿勢與背景的配置，也都在說明該人物的性格。所以寶劍騎士牌上扁平的雲與寶劍侍衛牌上分布不均的雲朵，會成為這兩個人物不同性格的表現。這兩種圖像的意義，已被紙牌上的文字框限，圖像雖延伸了文字概念的內在意涵，但文字已讓圖像意義變得明確。

四十張小祕牌在紙牌上沒有文字，所以紙牌上的圖像指涉什麼樣的情境，需要看圖說故事。這些圖像並不需要延伸解析某個特定的文字概念，而是透過每張圖上的構圖、元素與數字等線索，傳達出人生的某種境遇與情境。而且這些境遇是真實人生的類比，所以在解牌過程中，這些圖會對應到求問者的實際狀況，圖像意義會依求問事件而變動，所以小祕牌的學習，比起圖像細節的象徵分析，更需要真實人生的聯想能力，並依求問事件從圖像延伸出相關的人生故事與情節。

象徵與心靈

我們對「象徵」並不陌生，生活中無法三言兩語表達的情感、或無法說明的人生情景（生離死別），都需要用象徵來延伸語言所不足的地方。例如用玫瑰花象徵愛情，這時我們對愛情的理解會延伸到玫瑰花，但為何無法用語言表達的愛這種情感，用玫瑰花就可以被表達呢？「愛」沒有具體形象，也沒有固定的模式，它是很難用語言描述的情感，但玫瑰花的花香、迷人的花朵、顏色、保護自己的尖刺、看著花沒有原因的喜悅等，都傳達了我們對愛情的感覺。又或者我們常用一年四季的變化，象徵生死輪迴，也會用蝴蝶的蛻變來象徵死亡的生命轉化。象徵是語言的一部分，或許是最接近生命的語言，因為象徵所傳達的，與人豐富的情感以及無法掌握的生命有關。越是理解象徵在我們生活中扮演的角色，就會越能理解情感的無從表達，以及生命的無可理解性，但這些無從表達的情感都深藏在我們的心靈中，所以心理學家榮格（Carl Gustav Jung, 1875-1961）認為「象徵」是連結無意識的語言，甚至也是進入每個人心靈深處的一把鑰匙。

榮格把象徵分為死的象徵與活的象徵，其中能夠成為心靈鑰匙的是活的象徵。前面舉例的愛情與玫瑰花、生死輪迴與四季，這些大都屬於死的象徵，人類自古以來就在生活中使用這些象徵，它們像語言一樣成為了概念，而不是象徵。所以當我們看到紅色玫瑰花，就會直接聯想到愛情，但有可能不會觸及到愛的感覺。如果因為頻繁使用某個象徵而成為理所當然的概念，就無法成為打開內心深處情感的鑰匙。概念與語言是理性頭腦主導的領域，心靈所在的無意識深處，則是儲藏各種情感意象（Image）的大海，沒有被分類歸納，像大海裡的寶藏，沒有雷達或導航只能靠運氣，無法直接探觸。無意識的意象碎片，會在夜夢中或經由白天發生的各種事件觸發，短暫浮現在意識中，但如果意識沒能認出這些意象要傳達的訊息，它們會再次沉到大海裡。

無意識裡的意象碎片是過去每個人的經驗，也是經驗可轉化為智慧的可能空間。抓取這些碎片的重要性，對榮格來說，是為了能夠為意識導航。清醒意識中的「自我」，會以為自己就代表個人的一切，努力為自己做出最好的選擇，並解決生活中遇到的各種問題。但自我就像過度照顧小孩的父母，替小孩做出「為你好」的決定，卻不知這些「為你好」如何阻止小孩的成長。父母認為自己可以代表小孩，卻忘了小孩有自己的獨立人格。同樣地，自我只是白天意識的代表，無法代表一個人的整體，對榮格來說，整體人格的核心是「自性」，而自我只是自性的一部分，只是自性在無意識深處，無法被自我感知。自我在白天意識，所知的有限，所以他為自己所做的決定，常會失去整體性的觀點。而為一個人的生命整體定位、成長的自性，很努力幫助自我導航，走向個人的幸福之道，但如果自我的意識過強，只以理性為生命的全部，就有可能屏蔽了所有從自性傳來的訊息。

精神分析重視解夢，也是因為發現夢是無意識的語言，夢裡的意象是個人無意識自創的象徵，可以透過解夢到達個人的心靈深處。但不只是個人自創的夢的象徵，只要是「活的象徵」都能成為進入心靈的道路。夢的象徵與個人的生命經驗、情緒息息相關，我們在夢裡總會有著複雜的情感流動，這些流動的情感隱含在夢的象徵中，是情感帶領我們認出象徵代表的意義，而不是象徵本身。所以象徵是帶領我們進入情感內的具體形象，我們從象徵的「有形」，跳進經驗與情感的大海，這些象徵直接把我們丟進蘊藏寶藏的大海深處。所以活的象徵是能夠喚起記憶中的經驗與情感的形象，當我看向玫瑰花，如果重新從玫瑰花的形象，喚起對愛情的經驗與感受，重新把經驗中的感知找回來，這時玫瑰花與愛情也重新成為活的象徵。

如同前面所提，我們會因為欣賞一幅畫作，有可能找回曾經有過的經驗與感覺，並從那種感受中，為迷失的人生方向定位，這時，那幅畫就成為了喚起無意識意象的象徵，並為自己的生命方向重新導航。塔羅圖像也能成為活的象徵，但需要由學習者，以活的象徵的方式透過圖像進入自己的生命，才能讓塔羅成為進入心靈的鑰匙。但大部分的塔羅占卜學習，都以概念化的語言，讓學習者記憶每張牌代表的「牌義」，最後學習者記得的是牌義，並不是圖像本身，結果每次占卜時，我們在頭腦中翻找適用的牌義，卻對眼前的圖像視而不見，這種學習會讓塔羅圖像成為以牌義替代的「死的象徵」，不論我們花多少時間學習，也很難從塔羅進入心靈成長的領域。

如何讓塔羅成為活的象徵？這是每個想要從塔羅進入心靈成長的人，都需要認識的方法。在每一次觀看圖像時，都需要依當下我的狀態，進入圖像，從當下我的觀看中，再次「經驗」這些圖像，並尋找圖像所傳達的內容。經驗與我們的感覺連結在一起，而所謂的經驗圖像，是透過圖像，喚起過去經驗中的感覺，而不是讓圖像直接成為文字概念。（例如：女祭司背後的大海、皇后背景中的溪流，這兩者都有水的意象，但大海與溪流給我們的感覺大不同，如果只是用文字理解大海與溪流，就是帶著女性意象的流水，但如果帶進我們記憶中對大海與溪流的感覺，就能明顯感受到這兩個象徵的差異性，這種差異性也就是從圖像敘說女祭司與皇后的象徵意涵。當我們經驗象徵，是讓象徵成為喚起生命經驗的觸媒，這種學習是帶入感覺的理解，可以成為對生命的領悟，但文字概念的記憶，就成為我們所說的死背，會成為死掉的、沒有意義的知識。）

每張塔羅圖像都有很多象徵，在當下觀看時，是哪個象徵會喚起無意識大海中的哪個經驗與情感，這是一個謎，外在圖像與內在意象的連結，就像魔法一樣神祕不可測，是理性無法深究的領域。這是當下我在各種外在事件與內在情感的糾結中，所促成的一次碰撞，榮格稱之為靈感，並形容這種靈感就像在黑暗的心靈深處升起的明光、從泥沼中開出的蓮花，是心靈為我們的生命導航的明燈，能夠讓這種導航運作的就是活的象徵。如果這種碰撞帶來意識自我的覺察與「悟」，這種碰撞就成為促成心靈成長的、不可思議的共時性經驗。透過塔羅學習進入的成長之路，不是只有象徵，在占卜解牌時形成的「人生故事」，也會成為認識自己之道。

故事與意義

韋特塔羅的七十八張人物畫，在多張牌的抽牌解牌過程中，經由解析圖像，會形成一組人生故事。占卜一旦變成說故事，就不再是預測未來運勢，而是關乎「意義」。我們喜歡聽故事，不只是身邊人經歷的事件，包括小說、電影、連續劇，這些都是與人有關的故事。故事有開頭與結尾，不論一個故事是從主角的出生開始，還是主角的某一天的日常開始，打開了後續的情節發展，然後會一路到故事結尾。就算主角的人生還沒完成，但故事可以在某個時間結束，為故事畫下句點。而真實人生與故事的不同，就是人生是以生死為開始與結束，故事則不受此限。

故事的結尾重要嗎？我想答案是肯定的，所以電影與連續劇都會依結尾形成好與不好的評價，結尾才能為故事確定整體的意義，因此沒看完連續劇，我們無法確定這部劇要說什麼，故事的意義才是一個故事不斷被我們聆聽、流傳與重複的原因。所以我們在聽故事時，不只是想知道人物做了什麼事，而是更想知道這些人物所經歷的事件有什麼意義，他們就像我們的鏡子，如果人物經歷了很多事，但最後留下的卻是「沒有意義」，我們會跟人物一樣感到茫然與虛無，甚至會因為看到這樣的故事生氣、不滿意。我們在真實人生中，也像故事裡的人物經歷各種事件，讓我們能夠持續前進的動力，也是因為在內心深處，深信凡走過必留痕跡，我們的努力與堅持都會有意義，雖然現在無法講出是什麼樣的意義，但意義感讓我們看向未來與希望，也能承擔起各種苦難。

我們想讀出故事的意義，就像在真實人生中想要尋求意義，故事是真實人生的鏡子，但鏡子不只是照射出我們的形象，人也是透過鏡中的形象建立自我，所以故事不只是模仿真實人生，我們是從故事中才能知道我想要活出什麼樣的人生，又或者知道我想要成為什麼樣的人。這裡我說的「故事」，不只是他者的人生，我們自己的人生，也需要不斷成為故事被自己講出來，才能成為自己的一部分。我們以為自己的人生是親身經歷，都還記得過去，所以「我是誰」這個問題早已被過去確定，但過去的經驗大多會以記憶碎片的方式儲存在無意識中，到了某個當下我們因為某個意義而回想過去時，這些記憶才會被當下的「意義」重新喚起，同時記憶中的故事也會重新編寫。

一個人的記憶，也像說故事，需要被喚起並說出來，才會被我們認知。有時候跟友人聊天，突然會因為某個話題，讓我們想起過去的某段記憶，但這記憶在那一刻之前，早被我們遺忘。又或者我們曾認為千真萬確的記憶，跟家人分享時，卻發現其他人記得的跟自己不同。個人與記憶的關係，就像作者與作品，我們就是自己人生故事的作者，而我們的作品是透過記憶碎片重新創作出來的故事，每次的創作，都與我們想要傳達的意義有關。所以曾經失敗的故事，在我低潮時，就會以證明自己無能、是個失敗者的意義被講出來，但未來當我們走出挫折，曾經失敗的故事便會以讓自己獲得學習成長的意義來重述，過去的事件不可能改變，但當下敘事記憶的我，用不同的意義回溯，事件代表的意義就會被改變，同時我的人生故事也有了改變，透過故事的重述，自我的身份認同也從失敗者轉變為從錯誤中學習成長的人。

所謂活出精彩人生，也與我們能夠說出什麼樣的人生故事有關。故事的好與壞，與故事本身傳達的意義有關，所以有些電影或連續劇，雖然有帥哥美女，以及有趣的情節，但如果故事背後的意義太過教條或沒有新意，就會被觀眾評為老梗、無趣。人生故事也是如此，如果我們只能用別人給予的意義說自己的人生故事，這種人生當然就會無聊、貧乏。每個人都想擁有幸福人生，但幸福的意義需要由個人去定義，但很多人卻直接借用了社會定義的幸福條件：穩定的工作、結婚、有房、有存款、大學畢業……這些條件直接成為一個人的人生意義，所以這樣的人生故事，當然連自己都不想敘事，因為太過老生常談、了無新意。

人生並不是因為經歷了精彩事件，才會成為精彩人生，而是對意義的體悟，讓任何事件都變得精彩。一杯茶、一句話、一段路都有可能成為一次精彩故事，但我們會認為每天一成不變，沒有故事可講，原因在於我們已失去了品味、體悟生活的心，用「過日子」的心態去應對每一天，不再對我經驗的事有所感覺，當然也不會去思考「意義」，日常中的事物都是需要被解決的問題，變得與意義無關。不過，一旦我們學習用故事講述我們的日常與經驗，意義就會在故事中活出來，而我們也就不需要再問「有什麼意義」這樣的問題。

說自己的人生故事也需要學習，而塔羅占卜就是很好的敘事媒介。我們認為沒有發生任何事的日常，只要抽牌解牌，就會很有「事」，這些事並不是無中生有，而是透過抽牌，從日常的細節，找出說故事的元素。就像很會寫生活小品的作者，可以用芝麻綠豆的小事大談人生道理，而我們也可以透過塔羅抽牌，從每日的日常，談出人生意義。一旦把塔羅占卜運用為說故事，塔羅占卜中的過去與未來所代表的意義就會改變。對占卜術的運用來說，預測未來是重要的，而且這個未來是可被標定的時間（兩個星期、三個月）。但故事是現在說出來的，所以故事中只有現在，以及從現在回顧的過去、從現在展望的未來，故事中的過去與未來，是一個人內心感受的時間，一天可以像一週一樣長，一年也可能只有幾秒鐘，所以故事中的時間，沒有確定的時間標準，而是與現在講故事的我，把過去與現在想要標定在哪裡有關。

雖然我們會把時間分為過去、現在、未來，但人只能活出現在，每一個過去是曾經的現在，每一個未來是還未到來的現在，所以活出現在，才能掌握過去與未來。用為說故事的塔羅占卜，透過抽牌解牌，所展現的是當下的生命狀態，所以故事會幫助我們對現在的自己有更多的覺察，如果每個現在都被我們看到，也代表每個過去與未來都被我們好好活著。我把應用為說故事的塔羅占卜稱為「生命敘事」，塔羅的生命敘事，不再是關乎未來的預測，而是覺察此時此刻的自己，以及為此時此刻的人生講出有意義的故事。

Chapter 3

大祕牌

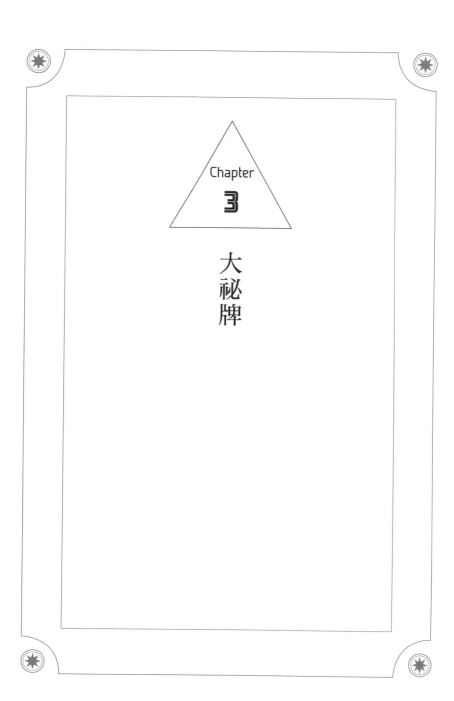

猶如「薛丁格的箱子」的塔羅大祕牌

有一個叫「薛丁格的貓」（Schrödinger's cat）的思想實驗，雖然是物理學家薛丁格為了說明物理理論的問題而提出來的論證，但應用在生活中，也會幫助我們用有趣的角度重新思考偶然與命定的問題，而我也很喜歡把這個實驗拿來說明，在塔羅抽牌時出現很多大祕牌的生命處境。

簡單來說，薛丁格的貓講的是生與死兩種狀態的疊加可能性，如果在一個箱子裡放了劇毒與一隻貓，毒會將貓慢慢殺死，但在箱子裡的貓何時真正死亡，在箱子外的人無法確定，唯有打開箱子才能知道貓的生與死，所以在沒有開箱之前，這隻貓既是活的、也是死的，生與死在這箱子裡成為同時存在的狀態。不知為何，第一次聽到薛丁格的貓的故事，我就被深深吸引，它就像人在生命抉擇前所經歷的衝突與矛盾，如果箱子裡裝滿了未來的可能性，也只有在我們打開箱子的那一刻，未來才有可能成為事實。

很多電影把人生比喻為作者寫出來的作品，而人只是在寫好的腳本中演出，一旦把人生思考為我們是已經寫好的角色，人似乎都失去了自由意志與抉擇的能力。就像在伊甸園偷吃禁果的亞當與夏娃，我們也可以說，不論他們有沒有偷吃禁果，上帝或許早已有了這兩種故事的結局，沒偷吃就持續開心的生活在伊甸園，偷吃了就被逐出去。但在這麼多可能的結局中，人到底會做出什麼樣的抉擇，似乎也不是上帝能夠知道的，神唯有在人做出抉擇後，才會安排後續的故事，所以人的自由意志與抉擇並沒有全然失去，但只有在抉擇中才能展現。如果是這樣，真正屬於我們的人生，是否就是不斷要做出抉擇的人生？如果只是順著已安排好的路走，我的人生也就成為別人寫好的腳本。

人生的每個時刻都可以是十字路口，每天起床是否要做同一件事？是否要走向同一條路？是否要到達同樣的目標？都可以是一種選擇，只是安於現狀的我們，會理所當然的做著同樣一件事，並認為生命似乎已經有不可改變的安排。這種用習慣綁住自己的生活，可以用惡魔牌來表達，雖不是全然的喜歡，但似乎滿足了可以安於現狀的安全感，這時，人生也像惡魔牌裡的鎖鏈，是綁在一條線上的清晰道路。

在惡魔牌裡的人是被惡魔左右的人偶，所以就不可能擁有個人的自由意志。一旦我們想要找回屬於自己的人生，異於現狀的抉擇就會出現，但改變後的未知，總是讓人害怕而令我們退縮。

我們大部分的時間，可能是走在惡魔鎖鏈上的路，並認為生與死是如此的明確，但哪一天，當我們開始對現有人生懷疑時，就會站在十字路口，這時，改變的可能才會出現在眼前，雖然因為多條道路的出現而讓我們感到困惑與迷茫，但未來的未知，反而讓我們成為自己的主人，並做出個人的抉擇。所以我覺得人生就像薛丁格的箱子，只是這箱子只有在我們死亡的那一刻才能打開，在那之前，我們會走向哪裡？成為什麼樣子的人？是各種可能性疊加在一起的狀態。

在塔羅占卜中，大祕牌代表的是看待事情的態度與意義，按一般常理，我們對一件事會保有一種觀點，並從這觀點進行對事件的評價，但塔羅抽牌時，就有可能同時出現二到三張大祕牌，就代表我對事件有著二到三種的不同立場與看法。這時，代表了我們正對一個事件有著多種矛盾的立場，就像薛丁格的箱子，各種可能性疊加在一起。比如我想要工作期間回學校讀書，這是一次十字路口的決定，而回學校讀書這件事，在下決定之前，我一定會有各種版本的未來想像，例如：讀完之後工作就可以調薪（星星牌）；或念書期間時間壓力大，顧不好生活（逆位節制牌）；或繳學費造成經濟困擾，無法享受原有的生活品質（逆位皇后牌）……這些可能性都是因為我們站在不同的立場看待念書這件事，而產生的不同版本的故事，雖然回學校念書這件事看起來是一件事，但因為不同立場的思考會出現多條故事線。

在人生的十字路口，很多人怕自己做錯決定而猶豫不決，但所謂做錯決定，是認為有一個對的命運的存在，只要選對了，從此我們的人生就不用煩惱。但真實人生似乎不是如此，人生路上永遠都有各種交叉路口，而且每天發生的平凡如常又偶然的事件，有可能因為我的抉擇而變成生命中的必然，也就成為冥冥中自有安排或命定的結果。以上面的例子來說，如果選擇了星星牌的立場，我們就會看向學習後可以加薪的結果，所以不論學習多辛苦，還是會鼓勵自己向前走，並完成學業。但如果選擇的是逆位皇后牌的態度，就會覺得人生好苦，不時抱怨念書讓自己的生活品質變差了，並懷疑這樣的決定是否值得，所以有可能中途放棄，或者一開始就選擇不走這條路。同樣是回學校念書的決定，在一念之間或一種觀點的轉變，就可能從荊棘路轉換為讓人愉悅的平坦大道，而這種轉變不是因為事件改變，只是故事主角改變了立場並做出了不一樣的抉擇，最後故事就有了新的開展。

當我們回顧人生，就會有種一切似乎都是命運安排的了然，但看向未來，一切的開展在於我們在這一刻做什麼樣的決定而改變。所以命定是看向過去時的理解，看向未來，一切都只是可能性，唯有做出抉擇才可能成為必然。所以塔羅占卜，並不是預言未來，而是用圖像講出各種可能的故事，至於最後故事會走向什麼樣的方向，就看每一個人最後做出了什麼樣的抉擇。人生或許不是一條清楚的道路，更像薛丁格的箱子，是多條道路重疊在一起，而每次的抉擇，也不一定是讓道路變得更清楚，而是讓新的可能性不斷產生，這才是創造性的生命歷程，因為我的抉擇，而創造出了與他人不一樣的故事。從未來的未知來觀看，抉擇會讓人感到害怕與抗拒，但唯有這刻，我們才能成為自己的主人，每一次的抉擇反而會變成成為自己的美好經驗。

從生命主題介紹塔羅大祕牌

這章關於大祕牌的講解，並沒有依大祕牌的數字進行排列，而是從幾個人生主題重新分類大祕牌，從大祕圖像與意義所啟發的內容，進入延伸的生命思考，可以協助學習者「心」面向的占卜解讀。而每張大祕圖像，也是從「生命態度」進行解析，把占卜術原來向外的視野，轉向自我的內在，幫助我們覺察事件中人的心境與態度。雖然我們無法掌控與改變外在發生的事，但可以選擇用什麼態度去應對，而態度決定了對事件的評價，最終會影響一個人的行為與抉擇。從生命態度去思考大祕牌，才能讓塔羅占卜走入「心」面向的自我覺察之應用。

目前市面上大多的塔羅學習書中，針對大祕牌的介紹，較多集中在每張大祕牌的牌義說明，較少從圖像進行象徵的分析與聯想。韋特塔羅大祕圖像的最大特色在於象徵的運用，顏色、人物構圖、背景與物件的配置都經過精心安排，這些象徵不只可以來解析單張牌的意義，也可以延伸成為多張牌的象徵連結，並對圖像產生更多的解讀。例如：死神牌與太陽牌圖像裡的白馬，如果把這兩張牌放在一起，騎在白馬上的死神與赤裸的小孩成為共同意象，他們同時代表結束與開始，也可以象徵這兩者不可分割的關係，而且死神牌裡升起的太陽，也與太陽牌裡的意象連結，雖然一張是13號，一張是19號，但在象徵的意義上產生了關連性。或者節制牌裡的道路與月亮牌裡的道路，都向著遠方延伸，這兩張圖像都強調了走向遠方的旅程，但節制牌的道路遠端有亮光，月亮牌圖像裡的道路卻是走向黑暗，這兩張圖表現了人的內在旅程的兩種面向，光明是由天使守護、向上昇華的道路，黑暗是我們需要獨自跨越的未知，這兩者都是我們會面對的人生旅程。

圖像與文字的最大不同，就在於象徵的連結與聯想，如果只看文字或數字，我們不會把死神牌與太陽牌、節制牌與月亮牌這樣的組合放在一起，但從圖像下手，這種連結就有可能。這也是韋特塔羅最大的特色，每個象徵都承載了豐富的解讀意涵，唯有應用各種創意與跳脫文字思考的聯想，才能探索它深奧的世界。但多張牌的象徵連結的意義解讀，並沒有得到塔羅學習領域的重視。在身心靈占卜這個面向，如果想要對每張大祕牌有更入的理解，多張圖的象徵聯想會帶給我們很多啟發。所以在大祕牌的章節，並沒有依照數字排序介紹大祕牌，而是打散了原有的順序，從生命主題進行了多張牌的組合，幫助閱讀者跳脫單張圖像的學習模式，可以對象徵啟動更豐富的想像力，進入到圖像裡，找到等待你發覺的象徵意義。這種學習方法，不只可以訓練觀看圖像的能力，也能拓展象徵的想像與解釋力，最終從象徵看待自身生命，並為人生困境找到超越之路。

另外，這些大祕牌的生命主題，是我在長期的教學經驗中，整理了學員在各生命階段常遇到的幾項人生課題，再把這些課題分類為七項生命主題，在二十二張大祕牌中進行組合。雖然人生問題無法讀一兩篇文章就能領悟或解決，但配合塔羅圖像的連結，可以幫助我們從象徵意象，更直接進入每個人的無意識領域，並與自身的過去經驗碰撞，帶動出每個人可能糾結、逃避、不知如何應對的生命困境，並從困境的浮現中，找到可以跨越的方法。我希望這本書可以成為每位讀者透過塔羅探索自身生命的起點，並在內容的引導下，每個人都可以找到適合自己的道路。期待這些生命主題是您的生命旅程的序章，幫助您翻開與塔羅共行的精彩的生命故事。

看不透、捨不得、輸不起、放不下，人生四苦功課
——命運之輪、死神、高塔、審判

看不透、捨不得、輸不起、放不下為人生四苦，這些苦來自於我們不想改變的態度，剛好可以用代表「改變」的命運之輪、死神、高塔、審判四張牌來思考應對四苦的方法。

「看不透」與10號「命運之輪」的改變有關，命運之輪的圖像在天界，周邊圍繞著守護神與神獸，這是人無法到達的地方，也是人無法看透的地方。人的命運可以由個人掌握，但所謂掌握是洞悉外與內的情境，不是一意孤行，而是順勢而為。這「勢」就是外境的轉變，也就是命運之輪所在的天界。坐在輪子上方的斯芬克斯手上拿著一把劍，劍可以代表「真理」或「道理」，也就代表命運之輪的轉動是有「理」，只是這「理」並不是人的視野能夠洞悉的範圍，所以當我們談論「命運」

時，總覺得在這滾動的大輪子中，人沒有太多自主的選擇。或許不是人沒有自主的選擇，而是我們所說的「選擇」放進了太多個人的期待，想好了未來的藍圖，期待一切的發展都能如期進行。結果我們就會陷入「看不透」的情境，以為命運的輪子是由我轉動，卻忘了它在我們所不及的天界。命運不是因為已被注定而讓人無能為力，而是個人的命運所牽涉到的關係連結超出我們能想像的範圍，並不是已然成定局，而是一切無法預測。所以圖像中的天界並不一定代表命運由上天來掌握，而是象徵了超出人能想像與連結的關係網絡。一旦認清人的命運不再是個人抉擇的單純問題，其中牽涉了更大範圍的外在人事物時，人就會學習謙卑，學會放下對自己與未來的掌握，把自己開放在更大的視野，這時才可能走出看不透的苦境。

「捨不得」是13號「死神」的功課，如果我們捨不得過去的成就、曾經有過的美好，就只能活在過去，卻放棄了現在與未來。「捨不得」也是一種切斷，是對過去的捨下，才能接納現在與未來。圖像裡出現了四個用不同態度面對死神的人，三位大人在面對死神時有著逃避、放棄、求情等行為，唯有小孩好奇的面對著死神，小孩沒有對過去的不捨，他們對生命的態度不是保有過去，而是在現在製造更多的美好，所以能夠活在當下、迎向未來。

「輸不起」就成為16號「高塔」牌的功課，我們不想輸給別人的心態，不斷高築圍牆，高塔代表了我們想要展現給別人看的權威、力量和驕傲，也代表我們想要從外界保護自己的圍牆。「保護」是針對弱者的需要，所以如果我們認為自己需要受到保護，也代表認為自己是弱者，所以不論我們在外在表現的是威嚴、驕傲或完美，這些都只能是弱者的偽裝，所以高塔很脆弱，終究敵不過大自然的雷陣。如果輸不起，最後我們會像牌裡的人，只能慌亂的從高塔上跌落地面，不只失去了引以為傲的高塔，還會因跌落而受傷。

最後的「放不下」就成為20號「審判」牌的功課。審判牌呈現的是生命的重生、新生命的開始。但重生並不是得到全新的生命，而是從過去釋放「放不下」的自己，讓自己走出過去。放不下是因為遺憾，過去留下的不足，無法回到過去彌補，就成為掛念在心裡的放不下。對每個人來說，人生都只有一次，所以人生比起正式演出，更像是一次彩排，如果在彩排時就要求一切完美，這是不切實際的期待。遺憾是看向沒有達到完美的自己，圓滿則是看向過程中努力的自己，所以遺憾的過去並不需要回到過去彌補，而是需要在現在放下對完美的要求。圖像裡的人可以從棺木中起身，赤裸地伸出雙手，代表能夠用圓滿的意義來回看過去。

不論我們的生命走到哪個階段，這四個需要改變的功課會不斷考驗我們的智慧，如果「看透」命運的無法預測，就們就更能自在的應對生命的變動；如果能夠「捨得」，生命帶給我們的是活在當下的富足；如果「輸得起」，就能透過他人拓展自己更多的可能；如果「放得下」，生命從此自在逍遙。

X 命運之輪

【圖像敘事】

命運之輪的圖像在空中，不是人能到達的地方，這裡是超越人能想像的世界，只有神與天使。在空中轉動的輪子周圍，分別是持劍的斯芬克斯、阿努比斯及蛇型破壞神颱風，三者各司其職，讓輪子依它的道理（劍），向下墮落（颱風神）與向上重生（阿奴比斯）。四個角落是基督宗教的四活物，並以天使形象守護著中間的輪子。輪中有希伯來文、元素符號、英文字母，這些相互組成了各種密碼，似乎在告訴我們，命運之輪的奧祕，是人所無法參透與理解的道理，它是宇宙的秩序，人只能接受它的到來並順勢應對。

輪子的下與上，容易思考為個人運勢的吉凶，但四角守護的天使，象徵著無所不在的守護力量，天使手中的書，代表命運之輪的考驗是透過經驗，把知識內化為智慧的歷程，所以輪子的上與下，並不是吉凶命定，而是經驗黑與白、高山與海底、天空與水澤等的各種人生歷練。命運之輪的考驗，並不是是要我們成為馴服於命運的認命者，一切聽天由命，或者讓自己成為命運的管理者，一切得以按計畫進行。而是在未知與無可預測的黑暗中，相信未來一直都有著天使的守護，並願意走向不確定的未知，成為命運的創造者。

【解牌敘事】

在解牌敘事時，命運之輪的態度不論在工作或感情上，會幫助我們注意到一系列的事件，而且這些事件會讓我們感受到一切都是命定，有更大的力量在決定與安排事件發展，而個人很難去抗拒這樣的改變。外在事件對個人來說是機會、還是障礙，端看面對的人以什麼樣的態度應對，而正位的命運之輪，是從機會的角度看待事件的態度。命運之輪的出現，會幫我們注意到一股變動的推動力，也會讓我們做出較為大膽、冒險的選擇，並為自己的生命帶來一股新氣象、新的人生風景。塞翁失馬焉知非福，當命運之輪出現時，在心態上只要順著改變往前進，就會發現，命運把我們帶向比個人規劃更為開闊的未來。

【逆位敘事】

命運之輪的逆位代表我們抗拒輪子轉動的態度，不希望改變發生，或者只看向沒有發生改變的舊事物，所以會認為生活一成不變，老生常談。這時我們會認為自己的人生像是遇到了瓶頸，進退兩難。逆位也可能代表抗拒改變的心，例如突如其來的分手、意外造成的損害、親人過世等，當不想接納外在事件時，代表我們只想維持原來的美好，抗拒改變帶來的失去或傷痛，反而讓我們無法看到傷痛之後的新開始。不論命運之輪的圓輪是停止轉動，或者想要讓它逆轉，都代表目前情境不是我們想要接受的狀況，這種態度會造成對現在的自己與事件有著想要逃避、不理會、或怪罪他人的行為。

X
WHEEL of FORTUNE.
牌面的四個角落是基督宗教的四活物，祂們以天使形象守護著命運之輪。
埃及神話中的怪物斯芬克斯，祂手中的劍，代表命運之輪轉動的道理與正義。
圓輪象徵不停轉動的命運。
藍天白雲象徵命運之輪轉動的空間不在人間，所以人無法掌控。
希臘神話中的蛇型破壞神颱風，象徵向下墮落。
埃及神阿努比斯，象徵向上重生。
天使手中的書，代表命運之輪的考驗是透過經驗，把知識內化為智慧的歷程。
鍊金術中的地火水風四個元素符號，凸顯了命運之輪的神祕力量。

人生金句

願意放下原本計畫好的生活，
才能擁有等待著我們的生活。
——喬瑟夫・坎伯（當代美國神話學家）

We must be willing to let go of the life
we planned so as to have the life that is waiting for us.
— Joseph Campbell

XIII 死神

【圖像敘事】

韋特塔羅的死神圖像，不只強調了如騎士一樣的死神，還有四位不同階級與身份的人物。如果韋特塔羅之前的死神圖像，強調的是死神帶來結束與死亡的意義，韋特塔羅則進一步增添了人面對死神的各種態度。圖像裡的死神騎著白馬，手拿旗幟，上面有象徵生命的玫瑰徽章。死神沒有配戴任何武器，所以祂不是來收割人的生命（馬賽塔羅的死神手中則拿著收割的鐮刀），而是帶來新生命，猶如遠方的兩座塔中間升起的太陽。死神圖像中間的河流阻斷了兩岸，在此岸的人，正在經歷死神對生命帶來的威脅，有人逃避（白衣女人）、有人祈求（黃衣教士）、有人放棄（倒在地在的皇帝）、但也有小孩驚奇的觀看騎著白馬到來的死神。

此岸是死亡將近的時刻，但彼岸卻是新的開始，要如何才能到達彼岸呢？如同懸崖高起的彼岸，並不是搭上船就能到達，這裡沒有橋梁、沒有道路，只能轉化原有的生命才能到達。就像在此岸的毛毛蟲，無法跨過河流，但蛻變為蝴蝶後，就能飛到太陽升起的地方。死神在韋特圖像中象徵著生命轉化的時刻，轉化是從原有的生命狀態，蛻變為新生命的時候，放下原來習慣、感到安全的生活會讓人痛苦，改變也很緩慢，但在破繭而出的那一刻，生命會突然飛翔，看到與過往完全不一樣的風景，死神帶來的結束，是讓生命進入更高視野的必經歷程，也是每個生命階段必須走過的轉變。

【解牌敘事】

死神牌的態度，帶來想要經歷某種轉變前的痛苦，但不是每個人都能從痛苦中學習與改變，並迎接黎明。有時候因為害怕改變，我們也會麻痹自己的感覺，明明死神已到眼前，還告訴自己改變的時機還沒到（就像轉頭避開死神的女人、或者向死神祈求的教皇、倒在地上的皇帝）。「死神」是生活中某個重要的、執著的事物需要被放下的態度，這種執著是我們長時間習得的習慣，改變一個人的習慣不容易，所以過程緩慢又痛苦，但死神要帶走的是在生命中已經不需要的舊事物或障礙。進入死神牌的態度，會感受到我們經歷的事情成為食之無味、棄之可惜的無用之物，生活也會像枯木失去了生氣，也會有未來不知如何前進的困頓感。但也因為這種困頓，我們會承認與接受原有的狀況需要改變或放下，只是無法快速找到改變的方法。

【逆位敘事】

逆位的死神是一種認為改變的時機還沒到來的態度，所以會執著、抗拒或逃避改變。例如在工作中，有些專案無法再進行了，但逆死神的出現，代表負責專案的人不想放下，或者用逃避的方式不願正視專案失敗的結果。感情敘事上，如果兩個人已經形同陌路，卻沒有想要改變或結束彼此的關係，只是一直保持原狀。死神牌逆位也可能代表，問題還未到結束的時候，但事件中的人想要趕快解決後離開，卻遲遲無法得到解決，等待的過程漫長又煎熬，期待的死神一直沒有出現在眼前。

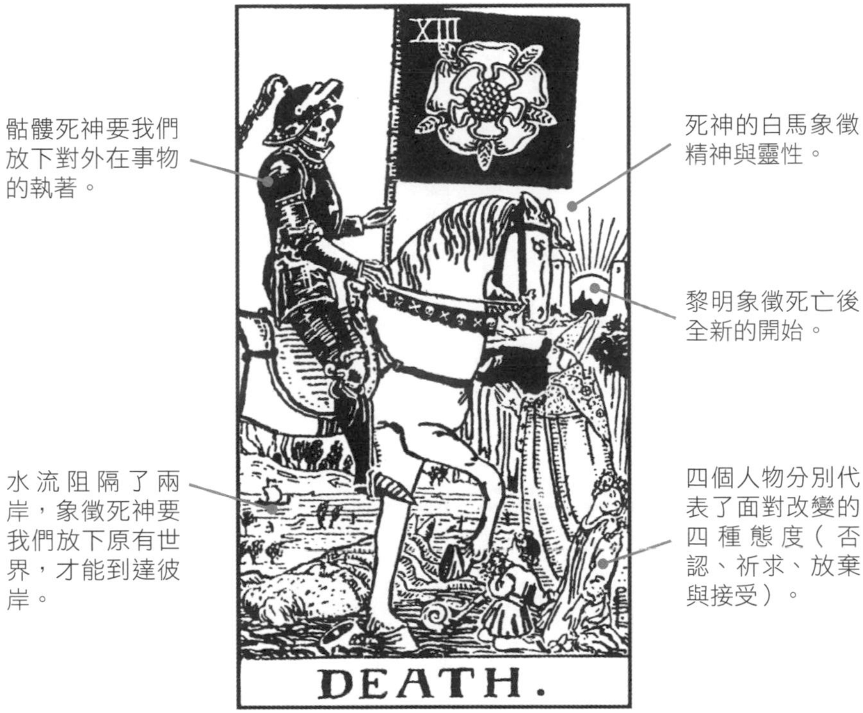

XIII
DEATH.
骷髏死神要我們放下對外在事物的執著。
水流阻隔了兩岸，象徵死神要我們放下原有世界，才能到達彼岸。
死神的白馬象徵精神與靈性。
黎明象徵死亡後全新的開始。
四個人物分別代表了面對改變的四種態度（否認、祈求、放棄與接受）。

人生金句

改變無可避免，
是否能從中成長則是選擇。
——約翰．麥斯威爾
（當代美國作家、演說家、教練）

Change is inevitable.
Growth is optional.
—John C. Maxwell

XVI 高塔

【圖像敘事】

這張牌裡有座高聳入雲的塔，塔頂上還有皇冠，但被雷擊中，皇冠與人都在掉落。高高豎立的塔與皇冠，象徵著生活中每個人在遵守的最高準則（價值觀），這些準則不是法律，但像法律一樣保護著我們，讓生活秩序不被打擾、失控，沒有了它，我們就會感到迷茫、無助與害怕。以為一直會保護我們的高聳、堅固的高塔，無法閃避雷擊，在突如其來的震盪中，原來相信的一切會失效，人便從高塔跌落。

在生活中我們都曾經歷過意外、突如其來的疾病、被說出的祕密、揭穿的謊言、沒有被告知的分手或離開等，晴天霹靂般突然打亂原有的生活，並且讓原來相信的原則、信念都變得無用，這就是從高塔上墜落的兩人面臨的狀況，失去高塔的他們，未來有可能會因為失去保護而受傷，也有可能發現自己已不需要高塔的保護，反而得到了走出高塔的自由，至於是哪一種結果，在於每個人最終應對雷擊的態度。

【解牌敘事】

高塔是變動不居的態度，一旦我們用這種態度面對生命，認為現在經歷的大大小小的事件都會帶來重要影響，或者對每件事都感到驚慌失措，不太能安定身心。例如：工作上的職務臨時改變或外派、原來發展順利的專案發生狀況、意想不到的財務支出、感情衝突等，這些他人可能認為是平常的變動，用高塔的態度來面對，如同突如其來的閃電，衝擊著我們，事件未必嚴重，但常常讓人措手不及，並且也有可能衝擊我們的自尊與自信。高聳的高塔猶如內心裡的防衛牆，雖然給我們安全感，但也會限制個人與外界的接觸，所以高塔代表我們視而不見、聽而不聞的態度，問題一直存在，只是我們架起了高塔，在一次震驚中讓鎖在高塔內的人醒來，只能在驚慌中正視問題的存在。

【逆位敘事】

逆位的高塔，閃電的衝擊力會減緩，卻可能帶來比正位高塔更持久的影響或焦慮的情緒。高塔逆位時的生命態度，猶如夜長夢多，總覺得生活不可能順遂，總會在意想不到的地方發生狀況，要時時提防、預演並做好規劃，所以總是在小細節上小題大做，常常緊張小心，讓我們疲於預防與解決。長久下來，會消耗一個人的能量與戰鬥力。逆位高塔的態度，會緩慢地耗盡一個人的精力。

XVI
THE TOWER.
高塔上的皇冠代表我們認為非這樣不可的價值與規則。
高塔代表人對自我築起的保護牆。
驚恐的人代表遇到措手不及的意外所感受到的震驚及害怕。
閃電代表了不可預知的外在力量。
在高空中的高塔代表住在高塔裡的人已失去了現實感。
建立在高山上的高塔，與他人隔離。

人生金句

智者在風暴中不為安全而祈求上帝，
而是為了釋放恐懼。
——拉爾夫．沃爾多．愛默生
（十九世紀美國思想家、演說家、作家與詩人）

The wise man in the storm prays
God not for safety from danger but for deliverance from fear.
— Ralph Waldo Emerson

XX 審判

【圖像敘事】

審判圖像以背景中的白色高山為邊界，形成了上與下的兩個空間，上面是吹著號角的天使，強調聲音的審判圖像，也用下方的人群因為聆聽而起身的景象呈現。棺木漂浮在象徵生命的海洋上，棺中站立的人群，他們的身體開始從灰色轉為黃色，象徵聆聽號角聲醒來的人群，他們的生命得到重生，他們伸出雙手歡欣迎接新生命的到來。

審判圖像，透過基督宗教的審判意象，帶出了在末日審判，心靈被喚起而得到重生的新生命。在圖像裡的人群，雖然年紀、性別不同，但他們都有著類似的姿勢，韋特強調這是在象徵「共同體」，如果死神牌的圖像是象徵個人生命的轉變與重生，在審判圖像則是象徵個人在轉變中，更深刻的體會生命共同體的命運，不只感受到「我的改變」，改變會讓我們走向社會，體會人與群體生命的緊密連結，為他人、家庭，甚至願意為環境與生態承擔起更大的責任。

【解牌敘事】

審判是一種內省的態度，我們藉由自省，對自己經歷的事件有更深的領悟，這種領悟有可能會對未來重新定位，也有可能對自己有更深的理解。審判的態度，不論我們遇到的事情大或小，都會成為回顧過去、省思自己，並且在回顧中重新體悟重要意義的機會。審判圖像中天使的號角，是一種聲音的表現，「聆聽」是這張牌重要的象徵，從內在湧起的新觀點、新想法、新意義，幫助我們對自己的狀況有更深的覺察，而這種覺察會重新調整未來方向。像是一種召喚，雖然生活如常，沒什麼太大改變，但從內在會感受到自己的不同，這種改變，會給我們看待事物的新視野，曾經熟悉的人事物，也可能變得新鮮又陌生，生活好像進入了新篇章、新故事，得到了與過往不同的重生。

【逆位敘事】

逆位的審判代表逃避過去、或讓自己停滯在過去的遺憾當中的態度。工作敘事，可能代表對過去做過的決定或表現不滿意，但也無法坦然接受或承認錯誤；在感情中，對兩人的情感發展或曾經發生過的衝突感到抱歉與遺憾，也有可能認為自己做了錯誤的選擇，卻認為一切的改變都太遲，而讓事情停在原處，沒有做任何改變。當審判逆位時，會認為目前的遺憾情境是無法改變的，或者認為這一切都是對過去自己的懲罰，所以會產生消極的、逆來順受的態度，也會拒絕他人的建議或內心浮現要改變的聲音，只是在遺憾與自責中，讓自己活在過去。

XX
JUDGEMENT.
天使代表崇高與神聖給予的召喚。
赤裸灰色的身體正等待天使的召喚與重生的來臨。
號角聲喚起死亡的生命，象徵我們會對所聽、所看的事物感受到神祕的指引。
棺木漂浮在水上，水象徵的生命與淨化。
從棺木中站起的人，張開雙手接受重生。

人生金句

生活沒有意義。
是人把意義帶進生活中。
當你是答案時，問問題是一種浪費。
——喬瑟夫．坎伯（當代美國神話學家）

Life has no meaning.
Each of us has meaning and we bring it to life.
It is a waste to be asking the question when you are the answer.
— Joseph Campbell

入戲與旁觀的生命智慧
——魔術師、女祭司、皇后、倒吊人

人生就像一場戲，這是很多智者說過的話，通常說這句話時，是因為人生的不合常理或無奈，我們就用「一場戲」告誡自己或他人，不需要太認真。但如果人生真的是一場戲，一輩子我們都當旁觀者，甚至是路人，那當旁觀者與路人的樂趣會是什麼？想想去看電影、打球、玩遊戲的心情，當我們不懂或不喜歡某些球賽的規則時，會覺得那些球賽很無趣，也覺得投入在裡面吶喊的人像瘋子；或者我們去玩桌遊，如果不加入遊戲，只會覺得桌遊幼稚；看電影也是，如果不投入到故事裡的情節中，在電影院裡的時間會變得非常漫長。換句話說，如果人生如戲，我們不懂得如何投入戲裡，是否也是在過著無聊、無趣，等著時間趕快過完，但有時候羨慕其他人可以入戲的生活？

在占卜時，越來越多人評價自己的人生覺得好無趣，不論做什麼都提不起勁，工作無聊、感情沒什麼新意，除了每天想著去哪裡旅遊，好像沒什麼有趣的事可聊。在我的觀察裡，這是一種入戲障礙，也就是找不到投入遊戲的方法，所以只能用旁觀者或路人的心情過著自己的人生。這就像眼前擺著大富翁的桌遊，卻覺得桌遊好假，裡面用的錢都不是真錢，買來的地也是假的，所以幹嘛要玩？根本是浪費時間，之後就把遊戲推到一旁，但又找不到其他好玩的事，只能坐在一旁發呆或看著別人傻傻開心的玩。

有些人不想入戲的原因，可能是看透人生的虛幻，覺得所有的追求都是假的，人死了還能留下什麼；有些人不想入戲的原因，其實只是害怕入戲後的情緒起伏無法控制，戲裡的失落、悲傷、痛苦、自卑都是真的，會讓我們受傷，當然快樂也會是真的，但人通常會先看到讓我們害怕的情感而退縮。如果不入戲的原因是前者，似乎也有點像佛教所說人生如幻的意味，但我們看到死亡的虛無而不再對生命有渴望，代表我們把心放在遙遠的死亡的那一刻，與自己現在的身體分離，而禪宗教導我們的卻是要身心合一的道理，也就是「活在當下」。這就像皇后牌，坐在大自然中，享受當下季節的美好，春天有花開，夏天有清涼的流水，秋天有豐收，冬天是休息。每一個季節都有它獨特的風景，沒有親身經歷，無法體悟。

但除了皇后活在當下的功夫，我們也要有入戲但又覺察自己在戲裡，而不是讓自己的心迷失在遊戲中，這才是佛教要我們看透人生如幻的原因，是要我們的心隨時清明、隨時明覺自己在哪裡。而這種覺察就是女祭司的修行，這張牌的構圖，女祭司在最前方，其他都成為女祭司的背景，猶如女祭司早已洞察，世界是由心所造的幻覺，要能看破，就要能夠潛入女祭司背後的大海。但女祭司直直盯向方，清楚世界雖是幻覺，但沒有世界，我們的心無法被映照，所以入戲是為了破除心的虛妄，不只是為了享受美好。

如果無法入戲的原因是「害怕」，是為了保護自己不受傷而選擇成為旁觀者與路人，這時候，我們就需要認真去思考，我真的想要一輩子以路人的方式過自己的人生嗎？這就像所有人坐在電影院裡，大家都隨著故事哈哈大笑或掉下眼淚，而我們只是一直看著手錶，想著電影為何還不結束，電影結束了，也代表生命的結束，結果我們一生所做的事，其實只有看著手錶等著死亡的來臨，這真的是我們想要的人生嗎？我想答案應該是否定的。

想要成為旁觀者，其中一個原因是害怕自己入戲後被規則掌握，無法開心的做自己，明明遊戲是我們自願參與的，為何會走入不甘願的處境？因為一旦參與遊戲，我們必須遵守已經制定好的規則，但常常遊戲裡的要求未必如我們所願。如果今天只是為了滿足個人的需求想要變更遊戲規則，當然不可能如願，但如果是為了讓遊戲更好玩呢？我想參與的每個人都會願意為了好玩而調整規則，這時候我們需要的是「魔術師」的創造力。魔術師永遠不按牌理出牌，會想出鬼點子，但他一手指天、一手指地，代表他所想的點子，不只是為了自己，是為了在世界上創造出更好玩的事物，他的意圖不只是滿足個人需求，而是在挑戰人的創新與創意能力，所以他能對他人帶來影響，也能讓他人願意改變規則。

魔術師能夠創造新遊戲，需要「倒吊人」顛覆規則的觀察力，他倒掛在樹上，就算被他人視為怪人也無所謂，因為他關心的是擁有獨到見解，只要能夠與別人不同，就能滿足他的期待。但倒吊人是永遠的旁觀者，他的手腳壓在身體下，不想要參與到遊戲中，雖可以在一旁嘲笑入戲的人，但自己無法擁有入戲的樂趣，除非學習魔術師想要為世界創造更多有趣的可能性。

每個人都會希望自己的生命充滿精彩的冒險與樂趣，但所謂的精彩，就是入戲的皇后與魔術師的態度，入戲後我們會因為失去而痛苦，也會因為獲得而欣喜。但如果沒有旁觀的女祭司與倒吊人的智慧，有可能陷入痛苦中無法自拔，也會因為不想失去而害怕改變。當我們能夠自在的遊走在入戲與旁觀的生命態度，一場由我主演的人生劇場，就能盡力與精彩的演到生命結束的最後一刻。

I 魔術師

【圖像敘事】

在魔術師的構圖中，人物站在最後面，其他場景配置都在前方，突顯了魔術師最向外展現的特質，而且他的能力是要能夠看到，並且對外產生影響。這些也都由魔術師的姿態表現出來，他站立著，一手指天、另一手指地，用身體表現出人在世界中所占據的重要位置，以及他的手連結了天與地。雖然比起其他圖像，人物比例相對變小，但從人物的身體展現了天地人合一的氣度，卻放大了魔術師影響與改變世界的能力。

前方工作桌上放置的地火水風四元素的道具，象徵了魔術師是與自然萬物連結的煉金術師，煉金術運用迥異的自然元素，創造出合一的魔法物質。原來被視為不同的元素，在煉金術師洞察各種物質的本質後，整合為一，並為世界創造出新事物，這就是魔術師代表的「1」號意義，就像電話、相機、電腦等不同物件，被整合進一個智慧型手機裡。圍繞魔術師的花朵，也象徵著創造力，花是大自然裡最為美麗與神奇的生命，為世界帶來不可思議的生命景象。

【解牌敘事】

魔術師的態度，會展現出吸引他人的信心與魅力，很容易成為團體中的焦點與話題人物。不論面對什麼困難，都能以積極主動、有信心的心態應對。但有時太過自信，會給人驕傲、炫耀等的印象。魔術師的態度喜歡挑戰他人沒有嘗試過的困難，成為前無古人、後無來者的第一人。魔術師也是能夠洞察事物本質的煉金術士，把多個不相關的事物整合為一，並透過個人的創意與靈感，帶來讓人耳目一新的成果。在解牌敘事時，魔術師的態度能夠開啟新的機會與可能性，並且不斷想要變動與改變，不想一直重複原來的生活方式。在面對問題時，則是放棄保守態度，積極尋找創新的解決方法。在人際關係上，也常會為他人帶來驚喜與快樂，但也有可能給人沒有定性、過於好動的印象。

【逆位敘事】

逆位魔術師的態度，面對問題時會失去原有的信心與創意，有很多想法，但未必有信心去實踐，只能紙上談兵。也有可能過於膨脹自己的能力，想要影響他人，會過於干涉他人的想法，或以否定他人的方式強調自己的重要性。以逆位的魔術師來看待生命狀況，會害怕自己失去他人的重視而焦慮不安，所以會更積極的參與團體來表現自己，或者也有可能過於自卑而無法表現。逆位魔術師會感受到綁手綁腳，不斷想要掙脫束縛，卻因為方法錯誤或用力過猛而傷害自己與他人。

一手指天、一手指地，代表天上地下都為我所用，呈現了魔術師的信心，以及對外展現能力的渴望。

四個元素的工具，象徵魔術師如同煉金術士，能夠轉換自然界的各種元素，是魔術師解決問題的創新能力。

無限大的符號呈現了魔術師的無限可能。

年輕的容貌，象徵了魔術師的活力與創新的力量。

銜尾蛇在煉金術裡有萬物永恆融合，生與死的無限循環、合一的意涵。

人生金句

靈感是在工作時閃現，
並不是要等待。
——亨利．馬蒂斯（二十世紀法國畫家）

Don’t wait for inspiration.
It comes while working.
— Henri Matisse

II 女祭司

【圖像敘事】

女祭司的圖像構圖剛好與魔術師相反，人物在最前方，其他圖像配置都在人物後方，象徵了女祭司比起其他看得到的部分，有更多隱藏起來、看不見的特質。人物的手也是半遮半掩，她坐在椅子上，沒有展示出全身。背景有一塊布幕，雖然擋住了大部分的視野，但可以隱約在縫隙中看到大海向著後方無限延伸。兩邊寫著B、J的柱子，讓女祭司所在的地方融合了人為的建築與大海的自然空間，柱子以黑中有白、白中有黑的方式，呈現了猶如陰陽兩儀的意象。

在女祭司的構圖中，陸地與大海、豎立兩邊的黑、白柱子強調了對立二元，但坐在中間的人物、布幕、大海與B、J文字整合了這些對立。與魔術師的整合不同，魔術師是把前方的四元素轉換為「1」，但女祭司是在對立中，找到讓對立可以共存的智慧，也就是把輸贏的局勢，轉變為雙贏的結果。這樣的智慧來自女祭司身上擁有的宗教象徵，埃及女神艾西斯的頭冠、聖母的藍袍與十字架、手握猶太聖典托拉。從古老的宗教傳統傳承下來的內在智慧，猶如背後的大海，可容納百川，並且孕育萬物。

【解牌敘事】

女祭司有著冷靜、理性、沉穩的態度，對過去或未來都了然於心的清澈心智。女祭司是一位安靜的智者，不太會向他人表露想法，但能夠接納與聆聽。以女祭司的態度面對問題，不會急於前進或下決定，反而會靜觀其變，或者等到有了更清楚的方向才會快速行動。女祭司有著清澈的洞察力，知道自己要做什麼或不要做什麼，不太會尋求他人的幫助。在人際互動上，可能會給人冷淡的印象，也不會主動與他人進行交流，但只要他人提出要求，女祭司的態度會樂於提供協助。女祭司容易被神祕的事物吸引，宗教、神祕學、占卜都有可能接觸，對人事物會以認真、嚴謹的態度面對，但不喜歡被他人注意，所以喜歡低調行事，也較容易被他人信任與尊重。

【逆位敘事】

逆位的女祭司，在面對問題的態度上無法沉穩、冷靜，分析與判斷能力也不足，但事事都想要參與、干涉，會給他人愛管閒事的印象。女祭司背後的大海，逆位時就會失去平靜，她的情緒起伏不定，也有可能被情緒淹沒，無法冷靜的觀察，會焦躁、不安或沒有耐心，這種態度很容易在人際關係上引起衝突。逆位的女祭司也有可能想要偽裝自己的冷漠，想融入團體，努力展現熱情，但會感到不自在或格格不入，同時讓他人感到不安。女祭司逆位時的態度，有可能過度沉迷於神祕之物，失去原有的理性與洞察力。

B 跟 J 是猶太聖殿的柱子，象徵女祭司的神聖性。

手拿猶太經典托拉，代表女祭司擁有的宗教智慧。

背景中的大海，象徵了靈性，無邊無際、神祕莫測、隱藏著我們所不知的寶藏。

半遮掩的布幕，反而突顯了大海的神祕性與奧祕。

埃及艾西斯女神的太陽頭冠，突顯了女祭司統領女神的力量。

女祭司穿的藍袍與十字架象徵了聖母馬利亞，是基督宗教的崇高女性。代表女祭司展現著女性的崇高精神。

人生金句

昨天我是聰明人，所以想改變世界。
今天我有智慧，所以改變自己。
——魯米（十三世紀伊斯蘭．蘇菲教的重要詩人）

Yesterday I was clever, so I wanted to change the world.
Today I am wise, so I am changing myself.
— Rumi

III 皇后

【圖像敘事】

皇后被大自然圍繞，她所坐的地方，猶如森林中的小舞台，她在那裡發揮魔法，滋養著大地與萬物，大自然在四季的變動中延續，無常成為它能向著永恆的動態。皇后以自然萬物的象徵表現了大地之母的形象，與女祭司的宗教智慧不同，皇后是自然流露的愛與情感，所以她的身體倚靠在柔軟的靠墊上，身上戴的皇冠、珍珠項鍊與權杖，比起權威，更接近美的意象，她身穿舒適的長袍，整體表現出放鬆、悠然的氛圍，與女祭司所表現的嚴謹有所不同。

背景中有清澈的溪流，溪流讓人感到舒暢，想要在裡面玩耍，反觀女祭司的大海，有著深不可測的神祕感，也害怕探不到底，我們被大海吸引，但也會害怕被大海吞沒。溪流帶著親切感，猶如大地之母，想要讓人親近、被擁抱，溪流的水流向皇后，象徵流動不止的生命脈動，皇后是滋養生命的母親，是愛的情感的源頭，比起智力，更重視當下生命的感受。

【解牌敘事】

皇后是熱愛生命與享受生活的態度，總能看到自己擁有的美好，也會帶給他人愉快、舒適的氣氛。就像大地之母的富足，皇后是給予者，不只可以照顧好自己，也能關懷他人。就算處在困境中，也會適當的調適自己的生活，紓解壓力，不會過度擔憂未來。皇后的態度與他人相處時就像圖像裡的流水，溫和、清涼地滋潤他人的生命，給予能量，也能與人舒適、流暢的溝通與交流。用皇后的態度看向世界，總能看向美好的一面，並且也會努力去創造美好，布置環境、妝點自己、美化生活，這些都是皇后的態度想要投入的事物。用皇后的態度面對生活，煩惱或傷心只是暫時的，最後皇后還是會用愛的能量，讓自己走出困境，從人與人的交流中，再次找到前進的力量。

【逆位敘事】

皇后逆位的態度，可能代表過度享樂，或無法享樂。例如家境富裕的家庭主婦，因不放心讓他人打掃，一個人打理大房子結果累出病；到了退休年紀的企業主，放不下工作，無法享受放鬆的退休生活；或者擔心家裡的小孩而無法享受旅遊的父母等。逆位的皇后，也可能要求自己過著簡樸、清靜的生活，遠離社交活動，壓抑對感情的需求，無法自然展現對他人的關愛或照顧，對享樂有著莫名的罪惡感，跟他人的身體接觸感到不自在。

III
THE EMPRESS.
柔軟的靠枕代表皇后喜歡輕鬆、自在的生活。
金星的行星符號，展現皇后為愛的使者。
穀物代表了豐饒女神的富裕跟豐足。
大自然的背景，象徵皇后擁有大地之母的愛與關懷。
項鍊、皇冠等的裝飾物，代表皇后喜愛美的事物。
流暢的水流，象徵皇后的情感自然向外流動與展現。

人生金句

昨天已經過去，明天還沒有到來。
我們只有今天，讓我們開始吧。
——德蕾莎修女（二十世紀著名宗教家、諾貝爾和平獎得主）

Yesterday is gone, tomorrow has not yet come.
We have only today, let us begin.
— Mother Teresa

XII 倒吊人

【圖像敘事】

倒吊人的手腳受限，頭上卻有光暈，突顯了倒吊人不以行動為優先而獲得的智力。整體的構圖簡潔，中心為T字型的樹幹，人物倒掛在樹上，雖然樹的形狀不自然，但綠葉茂盛，象徵了生命力。倒吊人倒掛在樹上不是懲罰與苦行，他的表情自然，接受著目前的不自然狀態，他用自己的意志力限制手腳行動，但頭上的光暈象徵著他獲得的新見解與視野，這是他選擇的姿態，藉此體悟他所沒有經驗過的生命狀態。

倒立是異常行為，也是讓人感到不舒服的姿態，卻可以遠離人群，把自己與群眾區隔開來。而倒吊人所獲得的見解，只有在遠離人群，不再認同群眾時才能領悟，雖然倒掛在樹上會讓他被孤立。圖像上不再有世俗生活的物件，代表倒吊人已經在否定與質疑過去擁有的生活或自己。

【解牌敘事】

倒吊人會倒掛在樹上，是因為對自己認識的世界有了懷疑，也對自己的想法有所疑惑，所以想用不一樣的視野看清真相，並把自己倒吊在樹上，壓著手和腳，不讓自己插手或行動，反而要弄清楚事情的狀況。所以倒吊人的態度，會讓我們對自己懷疑，以前很明確的決定或方向不再清楚明確，在懷疑中無法明快的下決定，會花很多時間評估及思考，而且也會疑惑自己是否正確。倒掛在樹上的姿態引人注意，所以用倒吊人的態度應對事情，總希望自己可以特立獨行，質疑其他人都認為確定的事。在感情上，倒吊人的態度無法與伴侶維持熱絡的溝通或交流，反而把自己孤立起來，或者不同意另一伴提供的想法與意見，但也不會明確表達自己的想法，所以在感情問題上，倒吊人的態度會展現疏離、冷淡、不直接面對問題等狀況。

【逆位敘事】

逆位的倒吊人應對事情時，總有不甘願、被迫等的心境，無法拒絕他人，所以常讓自己陷入為他人背負責任、處理他人留下來的棘手事物等處境。逆位時，倒吊人無法強硬地表達自己的立場，就算不認同，也會跟著他人的決定，也有可能倉促做出其實自己不願承擔的決定，在需要冷靜、觀望、等待的時候做出不明智的選擇，為自己帶來不良的後果。倒吊人逆位時的態度，也較容易怪罪他人，雖然事件明顯不是由他人所造成，但會想要找個怪罪的對象，為自己減輕罪疚感。

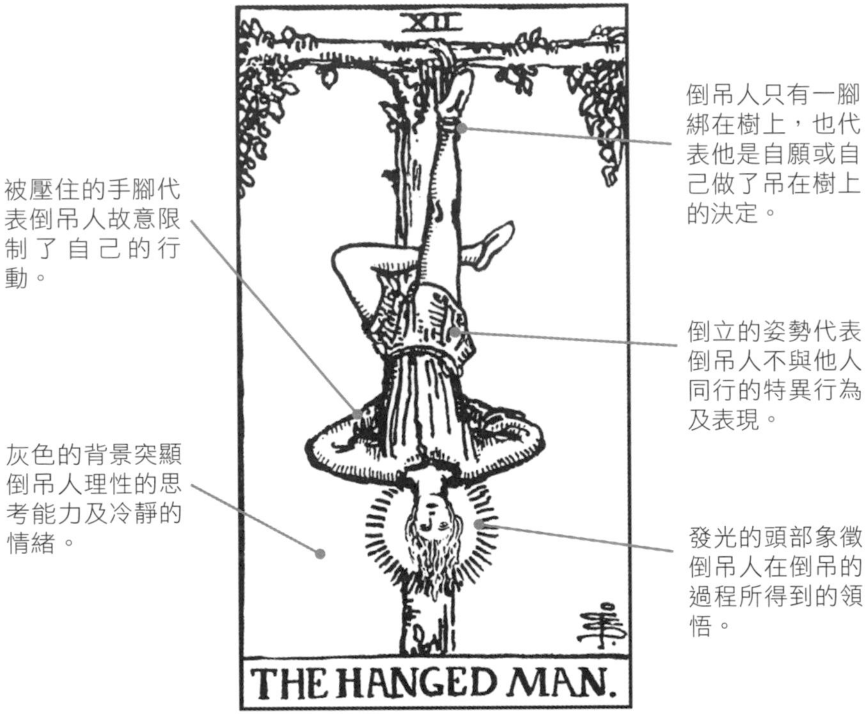
XII
THE HANGED MAN.
倒吊人只有一腳綁在樹上，也代表他是自願或自己做了吊在樹上的決定。
被壓住的手腳代表倒吊人故意限制了自己的行動。
倒立的姿勢代表倒吊人不與他人同行的特異行為及表現。
灰色的背景突顯倒吊人理性的思考能力及冷靜的情緒。
發光的頭部象徵倒吊人在倒吊的過程所得到的領悟。

人生金句

永遠不要害怕在路上獨行。
知道自己的路，只需跟隨它前行；
你不需要跟隨別人的腳步。
——艾琳．卡迪（二十世紀靈性導師、新時代作家）

Never be afraid to tread the path alone.
Know which is your path and follow it wherever it may lead you;
do not feel you have to follow in someone else's footsteps.
— Eileen Caddy

感情必修課：愛與懂之間
——戀人、力量、惡魔

在占卜中，「感情」問題最多人煩惱，也是最難解的人生課題。愛一個人與和心愛的人相處是不同階段的事，但大多數的人會把這兩者放在一起思考，或者說我們也很難真正把這兩件事分開，但有時候試著分開思考，問題會變得比較清楚、簡單。愛上一個人不需要理由也不需要很了解對方，但跟一個人相處不只是愛，而是要開始「懂」對方，懂一個人並不代表愛，那是對他人的開放與友善的態度，從「懂」一個人能不能發展為「愛」？當然可以，但這就是日久生情，與我們常常期待的一見鐘情是兩種不同的情感發展。

愛情中常常會有一種想像，認為我們一定能「懂」我們「愛」的人，但「懂」是理性的思考，「愛」是感性的情感，這兩者基本上是衝突的。當我們愛上一個人時，感性超越了理性，對方的所有言行不論多麼不合理，我們都會覺得可愛、有性格，都可以在愛的情感下接納（很多情侶的幼稚言行在戀愛期較容易產生）。但這種愛的情感超越理性的時間不會長久，所謂愛的感覺消退後，開始用理性的眼光來看對方，也用合不合理來評價對方的很多言行，這是進入「懂」的過程。每個人從「愛」到「懂」的轉換時程不同，所以有人在恢復理性後就會覺得還在戀愛期的對方幼稚、不夠成熟，在這個過程中，很多情侶開始生氣、吵架，並結束這段感情，認為自己就是不再愛對方才會無法忍受對方的言行。

真正可以長久的感情，不是因為遇到了靈魂伴侶才會恆久遠，而是讓情感在愛與懂之間不斷蛻變。就像「戀人牌」的一對男女，如果這張圖像代表愛，「力量」牌就代表愛的關係中的懂。當我們遇到了愛的對象，會想時時刻刻與對方在一起，但戀人圖像裡的男女，並沒有依附在一起，也沒有對望，他們的視線是男向女、女向天使、天使向人的三方流動。我們期待的愛的關係是兩人世界，但兩人世界只有當下的相處時才有可能，任何關係在生活中，都有很多難題要面對，所以戀人圖像裡的高山阻礙在男女之間，能夠跨越這座高山的是天使，天使象徵了比兩人的當下更為超越的未來，對有信仰的人來說，那是依著神的祝福而前進的神聖關係；沒有信仰的人，也因為兩人有著想要構築的世界，所以一起面對高山。

那座山也可以比喻成我們要懂的對象，就像「力量」牌裡的獅子，少女與獅子的關係，是從少女的躬身開始。向他者彎下身體是一種願意放下己見的宣示，當父母生氣而命令孩子時，是站著從高處向下看。但想要與孩子像朋友一樣對話時，就會蹲下來與孩子對視。少女的躬身，讓獅子感受到對方放下己見的善意，因為這個善意，兩者的關係才能前進。一位柔弱的少女與蠻橫的獅子要懂對方並不容易，唯一的方法就是花時間相處、建立信任，並開始懂對方的習性。就像小王子與狐狸的馴服故事，他們每一天在同一個時間相見，習慣的建立代表願意為對方改變自己，並觀察對方在生活中的小細節，這些細節在懂的過程中，成為愛的對象獨特的一面，但還未進入愛的過程，所以也會成為分手的理由。因此要帶著戀人牌裡三方相互交流的眼神進入到力量牌，我們才能在愛的關懷下觀看對方的平凡與獨特，同樣的，在建立兩人的習慣模式後，如果無法再進入三方流動的交流，習慣就會變成一成不變的愛情殺手。

戀人牌裡的天使，也代表我們在愛的關係中，永遠無法用「愛」與「懂」來擁有對方，我們只有在認知到永遠都不可能全然理解另外一個人，對方也不可能被我掌控時，才會願意一直把視線投向對方，並保有想要理解對方的好奇心。與戀人相對的「惡魔」，就是以愛之名擁有對方的意圖，惡魔裡所有角色的視線都向著前方，沒有眼神交集，卻用鎖鏈與柱子形成了相互遷就的共同體，在長久的相處習慣中，我們會認為已經很懂對方了，所以對方講什麼，直接提出評論，卻不想多聽聽對方的想法，當視線不再看向對方時，也代表我們已經對愛的對方失去了好奇心。

愛一個人不難，那是人的情感需求，但要「懂」一個人，並且還能在懂中愛對方，才是很難的一件事。「懂」一個人需要成熟的人格，跳脫自我為中心的想像世界，能夠看到他人的特質，並接納與欣賞與我不同的他人。所以談戀愛人人都會，沒有年齡限制，但從愛到懂的相處卻是成熟人格才能完成的情感功課。而真正的「懂」不是把對方的言行放進我的世界來思考或理解，而是在我的觀點來看，認為不合理的言行，也能重新從對方的視野去思考它的合理性，並不以對或錯來評價對方的言行，而是不斷嘗試去理解對方的思維，並且也讓自己開始懂得，世界上沒有不合理的言行，唯有合理的言行放進了不同的世界觀。

VI 戀人

【圖像敘事】

戀人圖像以天使為中心，與下面的男女形成三角形構圖，強調了這三者在戀人意象中的相互關連。雖然這張牌叫「戀人」，但圖像中的男女並沒有相擁在一起，反而站在兩邊，兩人的距離象徵了，他們在戀人關係之前是各自獨立的個體。中間清楚映照出背景中突起的高山，這座高山猶如男女要接近彼此的過程，需要面對與跨越的困難，而跨越高山需要有天使的祝福。天使在圖像中象徵了人普遍感受的、超自然的保佑力量，就像我們會說的「老天保佑」，心裡如果信任保佑的力量，我們就能跨越各種障礙與挑戰。

男女背後的兩棵樹，各自象徵了伊甸園的生命樹與智慧樹，智慧樹上還有蛇在盤繞，這是人類最初祖先亞當與夏娃在伊甸園的場景。加進《聖經》的伊甸園意象，戀人牌不只強調了世俗男女的戀人關係，也展現了人類故事的開端，它開始於男女之愛，但也要有天使的祝福與保佑。所以除了戀人關係，圖像中也象徵了人與人建立關係所需的信任與友善，與他人建立關係，我們的故事才能展開。

【解牌敘事】

戀人牌不只是呈現愛情關係，更強調新的開始。猶如亞當跟夏娃是人類故事的開端，這是一個嶄新的階段，以及與人展開新緣分的時機。用戀人的態度看待事件時，會想要從原有的生活展開新事物，例如用全新的心態面對工作、接受新的挑戰、嘗試新鮮事等。戀人的態度重視與人的關係，會主動向他人表示友好，並願意與他人合作。在感情敘事，戀人牌強調相互信任與尊重的兩性關係，但通常也代表一個新開始的戀情，或一段戀情進入新的階段（正式交往、同居、結婚、生子等）。猶如圖像裡的天使給予人的祝福，戀人會保有開放與樂觀的態度，積極認識新朋友，拓展人際關係，也會以感恩與祝福的態度看向自己的生命狀態。

【逆位敘事】

戀人逆位，會失去原有的開放態度，不再信任身邊的人，也無法用樂觀的態度對待身邊發生的事，所以任何不如預期的發展，會被理解為是阻礙與延誤，他人的反對或拒絕，也會直接理解為對自己的否定。所以與工作伙伴或感情伴侶很難培養默契，覺得對方不夠友善與成熟，也無法帶給你往前發展的動力，彼此之間沒有相互信任的基礎。逆位時對愛情也會有較為不成熟或保守的態度，所以很難維持長久的關係。在工作上，倦怠感也會與逆位戀人的態度有關，對工作失去了熱情與新鮮感。

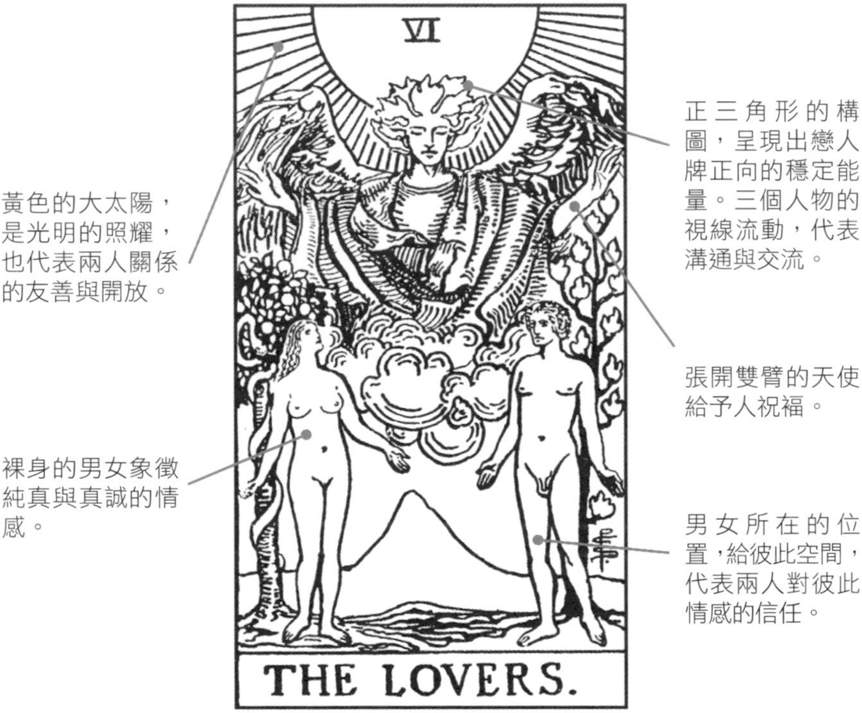
VI
THE LOVERS.
黃色的大太陽，是光明的照耀，也代表兩人關係的友善與開放。
裸身的男女象徵純真與真誠的情感。
正三角形的構圖，呈現出戀人牌正向的穩定能量。三個人物的視線流動，代表溝通與交流。
張開雙臂的天使給予人祝福。
男女所在的位置，給彼此空間，代表兩人對彼此情感的信任。

人生金句

如果一個人能夠擁有、把握和了解另一個人，
那麼那個人就不再是另一個人了。
——列維納斯（二十世紀法國哲學家）

If one could possess, grasp, and know the other,
it would not be other.
— Emmanuel Levinas

VIII 力量

【圖像敘事】

力量圖像以少女與獅子的互動，形成了主要構圖，柔弱的少女與兇猛的獅子形成相互信任關係，他們各自都為了對方退讓一步，這種退讓表現在少女躬身的姿態，獅子也放下了尾巴表示善意。背景有一座高山，代表只有少女與獅子相互合作時，才能跨越的障礙，任何一方都無法獨立面對，這兩者很明白對方的存在對自己的重要性，唯有兩者在一起，才能互補並成為無敵的強者。

少女頭上有著無限大的符號，在魔術師的圖像中，無限大的符號強調了魔術師個人的能力，但在力量圖像中，無限大的符號隨著少女的身體向前躬引導到獅子身上，象徵少女的力量來自於馴服獅子的退讓，她不是以人為萬物之主的姿態想要征服、掌管獅子，反而認可了獅子的勇猛，以及耐心表現出自己的善意，象徵了人最強大的力量不是來自於自己，而是在於接納對方擁有自己沒有的優勢。

【解牌敘事】

力量牌的態度能夠展現內在的承擔力，以及與他人建立關係的耐心。少女低頭看著獅子，放下了身為人的傲慢，而獅子的野性不只需要少女的謙讓，也需要長時間的情感培養，才能建立信任。力量的態度是面對困難時的內斂與耐力，猶如在家庭中的母親角色，平時柔弱的女性，在困境中成為全家人的支柱。力量的態度像少女一樣溫和，面對強者，反而能以柔克剛，也常常一個人默默的承受，不對外張揚，努力完成被交付的任務。少女的力量來自於獅子的陪伴，所以力量的態度在面對事件時，通常無法獨行，而是要能夠感受到身邊人的需要與支持，才能湧起力量。正位的力量牌能夠承擔他人給予的重擔或責任，並努力尋求重要人物的認同；在感情中，力量的態度能夠發展長期的穩定關係，在生活中互相體諒，給予支持與鼓勵，成為彼此的友伴。

【逆位敘事】

力量逆位了，圖像裡的獅子就會失控，成為少女無法掌控的猛獸，我們會被內在的野性征服，會帶來無法控制的情緒風暴。少女也會因為沒有獅子的陪伴，而回到脆弱、無力的小孩。力量逆位的態度，會認為自己沒有能力承擔，對自己信心不足，沒有他人的支持無法完成任何事，所以會以弱者的姿態對外尋求支援與幫忙，如果沒有得到支援，內心裡就會產生失望、生氣、受傷等情緒。當一個人感覺無力時會容易放棄，會自怨自艾，也會對自己感到失望。力量逆位的態度，會是自己放棄了力量，把決定權交給他人，藉此避開要承擔的責任，並且放任失控的獅子，用受害者的受傷情緒，到處傷害他人或自己。

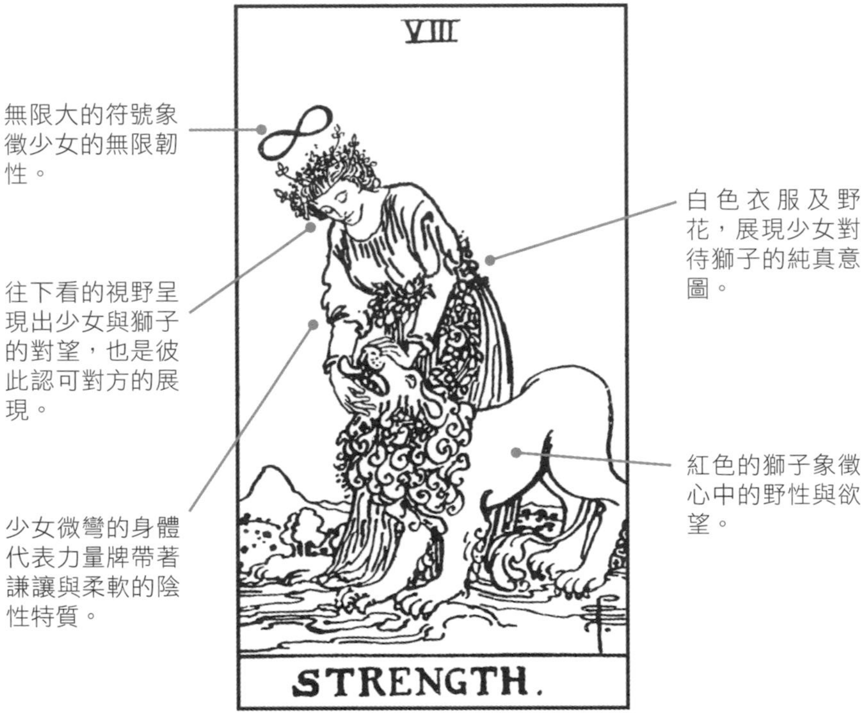
VIII
STRENGTH.
無限大的符號象徵少女的無限韌性。
往下看的視野呈現出少女與獅子的對望，也是彼此認可對方的展現。
少女微彎的身體代表力量牌帶著謙讓與柔軟的陰性特質。
白色衣服及野花，展現少女對待獅子的純真意圖。
紅色的獅子象徵心中的野性與欲望。

人生金句

沒有什麼比溫柔更堅強，
沒有什麼比真正的力量更溫柔。
——聖方濟各．沙雷氏
（十六世紀天主教主教、聖人）

Nothing is so strong as gentleness,
nothing so gentle as real strength.
— St. Francis De Sales

XV 惡魔

【圖像敘事】

惡魔圖像以三人構圖，象徵了惡魔與人的連結關係，惡魔在上方，並且在圖像中占最大比例，成為焦點，也是主角。下面的兩個人物分別站在兩邊，依附在惡魔之下的位置呈現了附屬關係。三個人物的頭上都長出了角，還有其他動物性的特徵，象徵了人與惡魔都擁有動物本能，而且動物本能已勝過人性。男女脖子上的鐵鍊連到惡魔腳下的柱子，也代表與惡魔不可分割的關係。

動物本能以欲望的形式表現在人的身上，當我們無法用理性克制自己的欲望，變成對某物、某人的依賴，就是與惡魔同行。任何無法適當克制的行為，都會成為惡魔在掌管的欲望，但因兩個人的鐵鍊是寬鬆的套在頭上，手腳也很自由，所以圖像裡的人並不是惡魔的受害者。人物依附在惡魔之下，可以合理化自身的欲望與過度行為，可以說服自己一切都是惡魔指使，所以圖像裡的人物也有著不願為自己的行為負責、不想一個人承擔的不成熟的特質。

【解牌敘事】

惡魔的態度會想要擁有掌控權，不論在工作或感情上，都有占為己有的強烈欲望，彊界意識很強，不允許他人侵犯自己的領域與利益。惡魔也很容易受到外在物質的誘惑，因為缺乏對他人及物質的安全感，所以會不停追求外在物質的滿足，也會用外在成就來定義自我價值，例如薪資、職務、權力、地位等。在感情上，惡魔也會呈現出讓他人不舒服的依賴及掌控，另一伴猶如自己擁有的資產，當然不太能接受對方想要自由的想法或行為。惡魔的態度，讓情感建構在「需要」上，在乎對方的外在條件，以及生活上的安全感。也因此惡魔的態度容易給他人壓迫、操控等感受，與他人的關係較容易緊張與產生衝突。

【逆位敘事】

逆位的惡魔或許解開了枷鎖，但那未必是自己期望的結果。逆位時惡魔的態度，對自己擁有的自由，反而會感到不安、缺乏歸屬感，感受到被遺棄的失落、以及受害者的被害心情。猶如分手或遠距的感情，無法與對方在一起的疏離感與失落；或者離開長久習慣的職場後帶來的茫然。他人羨慕的自由，卻是很多人想擺脫的寂寥，就像有家庭的人羨慕著單身的自在，但單身的人卻渴望被束縛的幸福，這就是惡魔逆位時的心境。惡魔逆位也可能失去了曾經擁有的某物或某人而感到悲傷與空虛。

XV
THE DEVIL.
惡魔碩大的體型，站在人的上方，掌控著人的言行。
黑色的背景給人壓迫感。
原戀人牌中立在人物後面的樹，在惡魔牌成為人物身上的物品，代表「擁有」欲望。
惡魔的動物外形象徵動物的野性及本能欲望。
三者沒有視線交流，關係的建立是用鎖鏈牽制。

人生金句

擁有財富，
卻沒有內心的平靜，
猶如渴死在湖中。
——尤迦南達（二十世紀瑜伽導師）

Possession of material riches, without inner peace,
is like dying of thirst while bathing in a lake.
— Yogananda

走出玻璃心，不再成為容易受傷的人——正義、節制、星星

曾經在工作中被他人重傷，明明和對方沒有任何過節，他卻用言語中傷了我的名譽，當時年輕的我非常生氣，想說今天可以不要工作，但不能讓自己受委屈，並準備找當事人對質。這時身邊有位疼惜我的長輩勸阻，並說在佛法修行中忍辱是六度之一，現在正是修忍辱的時候，不是生氣，而是從這件事中學習智慧。年輕的我正在氣頭上，當然聽不進他的勸阻，也無法理解忍辱為什會讓人有智慧，人怎麼可以讓他人這麼無理的欺負？這是修行還是踐踏自己？

進入了不惑之年，我才開始慢慢理解修忍辱的真正含義。很多人講佛教的忍辱，都只有告誡我們在忍辱中不生瞋恨心，是修行。但是受到無理的對待，要如何不生瞋恨心？是當作沒有發生？那是智慧還是逃避？如果先不弄清楚受辱的感受怎

麼來，很難讓我們理解忍辱的智慧所在。首先，無論是言語或行為，當我們感受到被侮辱的時候，是代表事情超出了「常理」可接受的合理範圍。常理是人跟人在社會中建構出的文化秩序，是處在同樣文化與社會秩序的人理解言語與行為的規則。如果在台灣有人插隊，這是一件很不合理的行為，超出常理，但在某些國家，可能沒有排隊文化，就無所謂插隊，這時插隊不會不符合常理，也無所謂常理。但也有很多「理」是屬於個人的，這跟一個人的生活環境與成長背景有關。

塔羅大祕牌的「正義」，就是有關合理或不合理的道理，中間的人物手上拿著劍代表真理，另一手拿著天秤代表公平，似乎在告訴我們這世界有一個公平的道理存在，但人物背後卻有一塊布遮住背景，如果講道理的人，連自己的背後都無法開誠布公給大家看，這樣的道理是否公開透明、絕對正確？這就是正義牌的圖像丟給我們的問題，也是讓我們思考所謂「常理」是否有絕對的道理？

當我們因他人的某些言行受傷害、生氣、難過，是因為那些言行超出了社會或個人內在的常理。例如人與人的相處不能暴力對待，這是社會常理，但對於感情中什麼樣的行為代表傷害或無禮，每個人心中有不同的理解。所以人是依循社會與內在自設的常理而生活的存在，也期待他人能擁有跟我一樣的規則，這樣世界就太平了。社會秩序由法律或公眾壓力來規範，但個人內在的常理，很多時候連自己沒有覺察到，什麼樣的言行對會成為對我的羞辱？每個人似乎都有不同的準則，如果有人說了一句平常的問候，但接受的人認為是不禮貌，感到被羞辱，這件事到底是誰的問題？是講話的人？還是生氣的人？

每次經歷生氣、受傷、難過的言行，通常我們的反應是不讓自己受委屈，合理的認為反擊回去才是為自己負責的行為。但所謂修忍辱，就是在情緒發生的那一刻不是回擊，而是覺察。對方的言行到底是衝撞了我的什麼秩序？我的秩序是怎麼被建構的？這些秩序的合理性是什麼？為何需要有這些秩序？這是生存的必須嗎？還是阻礙我成長的保護牆？在這些反思中，會發現受辱的原由是他人的言行剛好碰撞到這些界線。如果今天有人說我「做事不認真」讓我受傷難過，代表內在有一條「要成為認真的人」的規則，我也一直遵循這個規則認真過日子，卻被他人指責「不認真」，代表我沒做好自我要求，而且還被他人指出來，所以這句話才會特別傷我的心。如果另一個人沒有這樣的自我要求，就算聽到他人說「不認真」，可以當作那是對方的要求與看法，聽見了就讓它過去，不會因這句話受傷。

我們可以用佛經裡的智慧來解釋塔羅牌裡的忍辱修煉，《金剛經》有句話：

「知一切法無我，得成於忍。」如果用這句話來對應「正義」的規則，可以把「無我」理解為沒有被常理綁住的我，沒有了這些規則，就無所謂守則，他人的言行會成為屬於他人的批評，但不會衝撞我的界線，也就沒有因受辱的情境而產生的情緒。忍辱的智慧不是學習如何忍耐，而是學習如何覺察與放下內在的我的常理，不是受氣了當作事情沒有發生，而是可以先覺察氣來自於什麼樣的「我的常理」。

常理是形成「我」的結界，但也因為有這個結界，才會容易感受到被他人侵犯，在塔羅大祕牌裡，死神後面出現了「節制」，用正義的態度面對世界，只能讓自己在對與錯中糾結，猶如遇到死神沒有出路，而節制裡的天使給我們超越的視野。天使超越人間常理，也因為超越，祂腳踏陸地與水，且杯子裡的水在兩邊流動。圖像呈現的是對界線的跨越，也是在幫助我們覺察與明白對錯之外的中庸之道，而這裡的中道，是遇到死神、走過極端後才領悟的中庸，也就是在各種撞牆與走不過的死境中，我們會領悟到在衝突中每個人都有理。從不同的觀點出發，這些理都是對的，所以解決衝突之道，更多時候不是分出對錯，而是需要找到爭執中的人所堅持的內在常理，從這常理中去找出解開之道。所以天使身後的道路，就是對自我界線的覺察後，需要走過的、達到「無我」的修煉之路。

在塔羅牌裡，展現「無我」的是「星星」牌，圖像裡的女人裸身跪在地上，手上拿的兩個水壺正倒出水，與節制的水在杯中流動的意象不同，星星裡的水是倒了出來，猶如要把人內在不必要的界線拆除與倒空。星星裡的人物是在所有大牌中最低姿態的，低姿態也是放下自我的一種身體表現，她的裸身、跪地、倒水、視線向下，都在走出自己。有時候沒有了我所堅持的一些道理，反而會害怕我就不見了，也害怕自己會在群體中迷失，但天上的星星，卻成為我們的定位，在覺察到自我的界線而倒空的作為，不會讓我們迷失自己，反而會找到永遠不會迷失的自我定位的星星。

在社會中，我們藉由內在秩序理解他人的言行，也必須建構出合理的「我」的界線，但大部分的常理成了保護自己的防護牆，常常也突顯了自我的脆弱與無助。雖然這些常理無法全部打破，但需要被我們覺察，要清楚知道我們的情緒是衝撞了哪些常理而產生，有了覺察才能一步一步的調整。如果忍辱是不想產生衝突的忍，那就會變成「委屈」，所謂委屈就是，我的秩序還在，卻沒有站出來捍衛自己的秩序與界線，於是產生受傷的情緒，最後只會對他人與自己造成更大的傷害。所以一個受到他人的辱罵還能微笑帶過的人，以及受到他人的辱罵不敢回罵、忍氣吞聲的人，這兩者都沒有回應辱罵的言行，但內在消化辱罵的過程卻有非常大的差別，前者有著智慧的覺察，後者只是讓自己內在受傷。

XI 正義

【圖像敘事】

正義圖像的人物，一手拿秤、一手拿劍，分別象徵了公平與真理，這是在事件中講求道理與合理的圖像。但後方有一塊布幕，遮蔽了黃色的背景，失去了原來正義所要求的真理的透明性，在韋特圖像裡的正義人物，雖代表了公平、正義，但人物所談的道理卻有所隱藏，代表當布幕拉開時，原來對的道理，可能會帶來不同觀點，未必能夠保有原來的判斷。

正義是需要在社會中實踐才能帶來力量，所以人物的一隻腳伸出長袍，象徵正義的行動與實踐能力，但如果只堅持單一觀點與標準，正義就會變成掌權者的武器，所以在柱子兩邊遮起背景的布幕，成了對正義的提醒，沒有絕對的正義與公平，我們只能在特定情境中講求合理，而沒有被我們看到的面向，才是需要注意與覺察的部分。

【解牌敘事】

正義是以合理性來看待事件的態度。過去的努力與播種，在未來得到合理的回報；或者分出對錯、是非，以及清楚的責任歸屬等，用正義的態度面對事情時，這些都變得非常重要。正義牌所提示的合理性，不只是法律上的對或錯，也包括個人追求的、合理的社會秩序與規則，一分耕耘一分收獲、依職責分配工作、合理的待遇、人與人的禮尚往來等。正義的態度也會希望每件事都有清楚的界線，無法接受灰色地帶，如果工作上的職務不清楚、在糾紛中無法分出對錯、人際關係上的名份模糊，都會成為壓力與焦慮的來源。但每個人認為的合理性的標準不同，所以用正義的態度處理事情時，容易堅持自己是對的看法，把和自己不同的意見視為錯誤，產生矛盾與衝突處境。在人際關係上，也會用不能吃虧的立場對待他人，較易產生爭執與不愉快的情緒。

【逆位敘事】

逆位正義是認為世界上不可能有合理與公平的態度，所以也會認為自己一直都在不公平、不合理的對待中生活。工作中認為自己的付出沒有得到相應的報酬、努力也沒有被看到，人際關係上也認為自己付出永遠比較多。逆位正義的態度，容易感受生氣、沮喪或無能為力的情緒，也會把這種不公平怪罪社會與他人，成為容易抱怨、不滿或嫉妒的人，也會把自己視為受害者，認為其他人對不起自己。當抽出逆位正義時，也是一種提醒，表示抽牌的人太過自我中心，如果從自我中走出來，試著用另一個人的角度看事情，會發現原來的不合理、不公平都只是自己狹隘的觀點與想法。

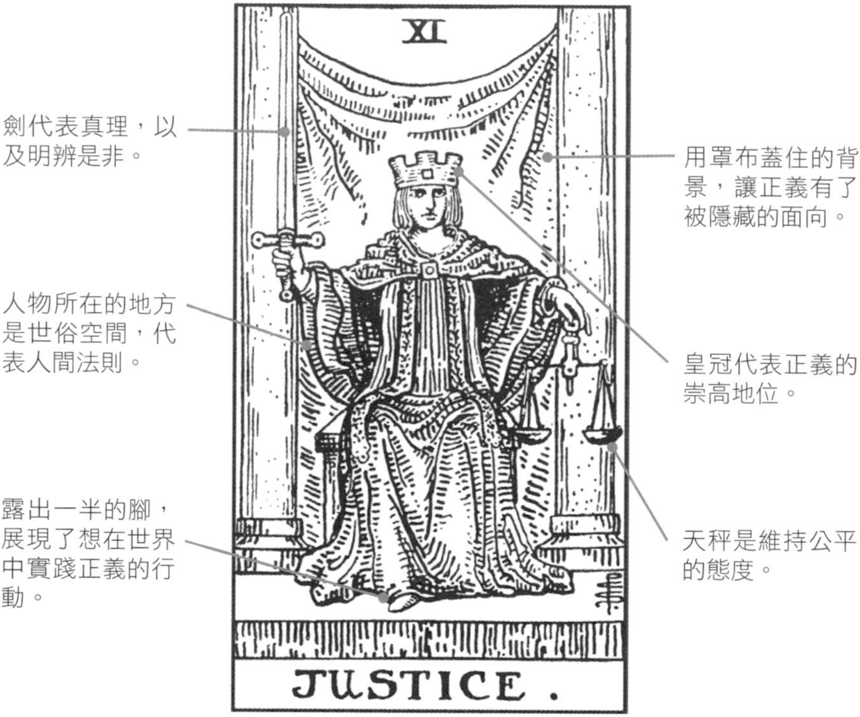
XI
JUSTICE.
劍代表真理，以及明辨是非。
用罩布蓋住的背景，讓正義有了被隱藏的面向。
人物所在的地方是世俗空間，代表人間法則。
皇冠代表正義的崇高地位。
露出一半的腳，展現了想在世界中實踐正義的行動。
天秤是維持公平的態度。

人生金句

永遠不要忘記，
正義就是在群體中展現的愛。
——康乃爾．韋斯特
（當代美國哲學家、社運人士）

Never forget that justice is
what love looks like in public.
— Cornel West

XIV 節制

【圖像敘事】

節制牌是唯一一幅以天使為主角的圖像，象徵了超越人的精神力量，站在圖像中間的天使，成為視覺中心，不偏不倚的站著，象徵了穩定。但天使一腳踩進水裡、一腳踏地，有一點傾斜，剛好與天使手上的兩個杯子對應，杯子裡的水正在流動，象徵節制並不只是透過克制得到穩定的平衡，也需要適時調整，才能維持最平穩、妥當、適宜的狀態。

天使後方從水流處伸出道路，並延伸到遠方的高山，高山上還有發光的物體，那才是天使要引導我們到達的目的地，但如果無法像天使，透過精神力量昇華生活中的喜怒哀樂，被情緒困擾、被傷痛阻礙，也就無法走向遠方。人能夠超越痛苦，因為擁有昇華苦難的能力，如何在自己生活中找到昇華之道，就是天使所代表的意涵。

【解牌敘事】

節制牌的圖像有著內斂、寧靜與安穩的氛圍，猶如平靜的水面，給人寂靜中安定的力量。生活中我們都曾感受過平淡就是幸福的美好，平凡給我們怡人的溫暖與快樂，但沒有經歷過大風大浪的年輕人，很難體悟節制牌的平淡與寂靜。節制牌就像一杯白開水，沒有味道卻是生命中不可或缺的能量。圖像裡的天使悠遊地倒水，展現了節制態度的怡然自得。節制牌的態度，讓面對事件的人，能夠用不疾不徐、悠然自得的態度看待事情，沒什麼大好、也沒什麼不好，一切都是生活中必須經歷的日常，在他人眼裡的大風大浪，在節制的態度面前都成為海浪，是大海必有的起伏。節制也可以是中庸的態度，不偏向任何一方，找到適宜的調節之道。

【逆位敘事】

節制牌逆位就成了過於極端或超出正常範圍的行為或情緒。逆位的圖像會讓杯子裡的水或天使腳下的水逆流，形成情緒上的不穩與宣洩。有時候生活中的所有事情都感覺不對勁，不論是身體上的不舒服，還是心理上的不愉快，這種不對勁就是身心不平衡的感受，也是逆位節制的態度。逆位節制出現時，代表正在用不適合或傷害自己的方式處理問題，例如不喜歡社交的人去做公關類的工作；創意型的人做行政類的繁瑣職務；不喜歡戶外活動的人，勉強去配合他人而感受到的疲憊。逆位節制的態度，會放任或過度壓抑行為或情緒上的起伏，對待事件就會變得要用不關己事的冷漠來壓抑、或者直接用情緒表達，在人際關係上容易讓他人緊張、感到壓力。

XIV
TEMPERANCE.
天使形象超越男與女的性別，也象徵節制的跨越意義。
遠處的光亮象徵從節制的學習可到達的精神領域。
平靜的水流代表節制牌寧靜、平穩的氛圍。
天使站在圖像的正中央，代表節制的中庸之道。
流動的水是跨越與整合。
一腳在地、一腳在水裡，是天使可跨越對立的容納。

人生金句

我們的精神使命不是無視黑暗，而是為黑暗帶來光明。
忽視黑暗並不能驅散它；只有光可以。
這就是否定和超越之間的區別。
——瑪莉安．威廉森（當代美國作家、演說家）

Our spiritual mission is not to ignore the darkness, but to bring light
TO the darkness. Ignoring darkness does not dispel it; only the light does.
That is the difference between denial and transcendence.
— Marianne Williamson

XVII 星星

【圖像敘事】

星星圖像裡的人物，面朝下跪地，是所有大祕圖像中姿態最低的人，她全身赤裸，一腳踩進地勢最低的水，雙手拿著的水壺正往低處澆灌。圖像中的星星是這張牌的主題，八個星星在高空中閃耀，中間黃色的星星與人物的黃色頭髮意象相連，後方有高起的山丘、樹與鳥，山丘對照出人物所在的位置為低處，樹與鳥各別象徵了植物與動物，也都高於人。

人物向下的姿態與高空中閃亮的星星相對，這是向著最高處，又向下走向最低處的意象，這兩個空間以中間的人物與水壺流出來的水為媒介，天與地有了不可分割的連結。魔術師是以人物的意志力，表現出天地相連的意象，但在星星圖像，人物是謙卑的，脫下了衣服，跪在大地上，與天地融合。雖然圖像以人物為中心，但在意象上人物放下了姿態，謙卑地與萬物連結，人不是自然的擁有者，而是與萬物一起都在自然之中，被自然滋養。

【解牌敘事】

星星是用希望與療癒看待生命的態度，不論處在什麼樣的困境或苦難，如果用星星的態度來面對，總能看到持續前進的力量，並能給自己鼓勵。圖像裡的星星意象，猶如對未來的指引，引導著我們找到回家的路，所以星星的態度，也會給人正向著目標前進的方向感，相信自己所選擇的道路。當我們擁有星星的態度時，會成為溫暖與正向的人，不論經歷過什麼磨難，能把磨難轉換為向前進的力量。星星也是療癒力量，猶如圖像中流出來的水，我們可以釋放各種負面情緒，不再用情緒傷害自己，能夠給自己一個療癒的擁抱。在很多神話中，星星是解讀未來的意象，所以星星牌的態度，比起當下，更重視未來的希望與美好。

【逆位敘事】

星星逆位時，就會帶走希望與期待，原來擁有的溫暖，也會變成急於想要脫離困境的焦躁或神經質。也有可能對所有事情都帶著負面的想法，認為事情很糟糕，不可能有好的結果。用逆位星星的態度面對事情，很容易在挫折與失敗中，自責或責怪他人，自責會讓受傷的自己感到更痛苦，責怪他人會讓別人遠離自己，卻無法真正解決問題。逆位的星星也有可能代表不切實際的期待與樂觀，不做任何努力卻期待自己會成功，或者認為自己是幸運之星，理所當然地想要得到各種利益。

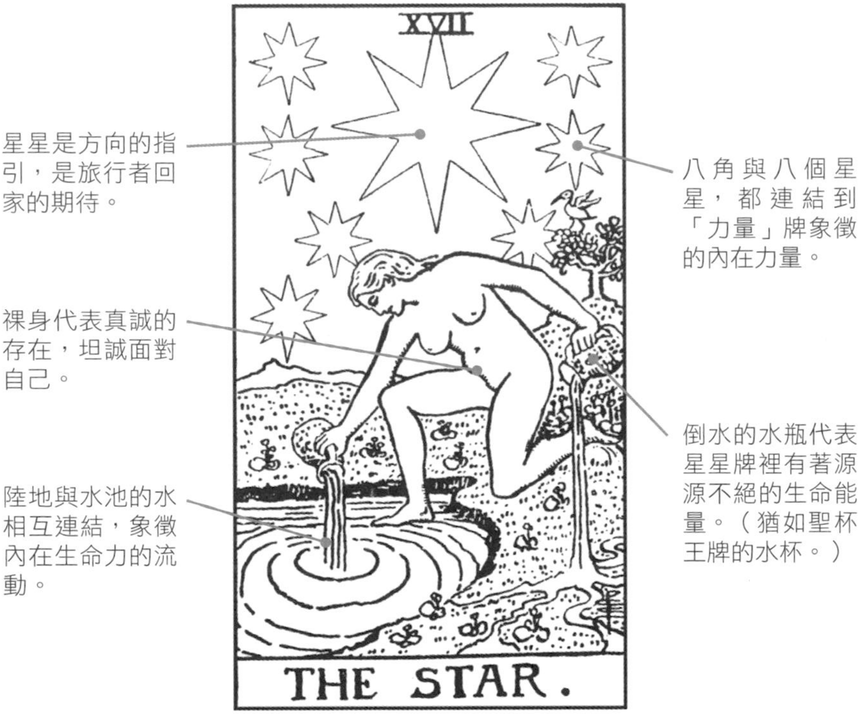
XVII
THE STAR.
星星是方向的指引，是旅行者回家的期待。
八角與八個星星，都連結到「力量」牌象徵的內在力量。
裸身代表真誠的存在，坦誠面對自己。
倒水的水瓶代表星星牌裡有著源源不絕的生命能量。（猶如聖杯王牌的水杯。）
陸地與水池的水相互連結，象徵內在生命力的流動。

人生金句

謙卑的生活不會卑微或缺乏，
它會充滿，回到初心會帶來智慧。
——魯米
（十三世紀伊斯蘭．蘇菲教的重要詩人）

Humble living does not diminish. It fills.
Going back to a simpler self gives wisdom.
— Rumi

從恐怖電影談生命中的「亂」與「序」——皇帝、教皇、戰車、月亮

恐怖電影並非大眾所愛，之所以令人不喜歡或害怕，不只是因為影片中出現噁心、暴力、殘酷的鏡頭，而是恐怖片營造的氛圍與故事，總讓觀看者有種說不出的身心煎熬。這種不舒服是原有安穩的秩序被破壞的不安感，也是「月亮」圖像展現的氛圍，一旦這種不安出現，我們就會想要趕快回到光明、有秩序、合理的生活，這些就是由「皇帝」、「教皇」、「戰車」帶給我們的安全感。所以皇帝與戰車都穿著盔甲，帶著保護的意味，而教皇也像一位人生引導者，帶領下面的兩個人，走向神明指引的光明道路。恐怖片的故事，也就是這四張牌相互碰撞的生命狀態，如果從生命的秩序與混亂的視野看恐怖片，我們不只是享受恐怖與緊張的氛圍，也是透過電影走一趟自我探索的旅程。

恐怖片裡出現的禁忌、不合常理的破壞，都在處理社會與我們內在建構的秩序與規則，禁忌區隔了合理的世界與未知的黑暗，只要不去碰觸禁忌，我們就可以安居樂業，當未知的黑暗威脅生活時，我們就進入失序的混亂中。很多時候這些未知與混亂也會被理解為是不潔淨的污穢之物，需要透過特定的儀式，才能被淨化。人類學者瑪麗・道格拉斯（Mary Douglas, 1921-2007）就認為，文化讓生活中的物，有了特定的秩序與位置，人對「淨」的感受是一切符合秩序的狀態，「污」就是違反了秩序的不舒服。例如：就算是新鞋子，放在餐桌上也會覺得髒，因為它是不能進家裡的物；過世的人只能放置在特定區域，不然就會破壞活著的人的秩序，污染生活空間等。人活著，心裡、心外都有一套界定事物的分類，這種分類形成了每個人內在特有的秩序與不可違反的規則，一旦這樣的分類被搞亂了，我們不只感到不安、害怕或生氣，還會覺得自己被不乾淨的東西沾染。

恐怖片大多會從故事的角色破壞禁忌開始，之後就會發生各種怪異事件。不知名的禁忌，是我們在生活中理所當然要遵守的規則，要成為好孩子、要上進、不能犯錯、不能被當作傻子、努力才能成功……這些內在不知為何而來的要求，決定著我們的行為，也讓自己成了恐怖片裡不知原因而遵守禁忌的村民。但突然來了一批不懂規矩的年輕人，他們破壞禁忌的行為，其實就是讓正努力守規矩的我們，開始省思禁忌形成的原因，以及拆除禁忌的方法。大部分的恐怖片裡，找到解除禁忌的方法後，生活又會回到原來的平安，而經驗恐怖事件後生存下來的人，也會有勇氣活出與過去不一樣的生活。或許真實人生也需要一次破壞禁忌的白目舉動，當身邊不守規矩的、討厭的人出現，就有機會質疑自己為何需要守秩序，並讓自己從不明就裡、不合理的自我要求中走出來。

在塔羅大祕牌中，「皇帝」、「教皇」、「戰車」分別象徵著秩序與維護秩序的方法，皇帝只有一人坐在石頭椅上，象徵了秩序本身，但教皇與戰車的構圖，出現了多位人物與角色，象徵了讓秩序維持下去，並能夠在社會與他人安定生活的維護行為。皇帝圖像中出現的石頭山、石頭椅，都有著永固不變的意象，他就像讓世界穩定運行的規則，為我們的生活帶來安心的秩序。文化中特定節日的儀式、悠久傳統的禁忌，都很像皇帝圖像，穩固、堅實地守護著我們的生活，也有很多社會固有的價值要求著個人遵守與接受，例如盡孝、社會禮儀、結婚生子的神聖職責等，當個人被規矩規範，但又無法全然履行，就會成為內在衝突的來源，很多時候我們只會自責為什麼做不到，卻不會去省思為什麼要做到。這時候身邊如有不盡責的人，理所當然的過著他的日子，就成為電影中搗亂禁忌的年輕人，我們會因為他們不守規矩而生氣，想要趕走他們、教訓他們，但如果有機會跟他們走一趟破壞禁忌的道路，就有可能幫助自己省思，我們在遵守的是什麼樣的規矩？為何要遵守？這些規矩有沒有局限了我的成長與改變？

秩序能夠維持下去，需要透過教育教導群體並傳承，這是「教皇」的職責，不斷告訴我們維護傳統與秩序的重要性。教皇會讓禁忌與秩序變為傳統，讓它變得有意義、變成信念與需要維護的重要價值。例如母愛與母親的職責會影響孩子健康成長的觀念，雖然這是普遍接受的道理，但如果深究現今的家庭結構與狀態，小孩的成長不會只受到母親的影響。很多母親同時也是職業女性，她們負擔著工作與家庭的雙重責任，與父親毫無分別。但只要小孩有偏差言行，老師給負評、街坊鄰居的怪罪眼神，矛頭通常會直接指向母親，母親也會不自覺的比父親更加自責和內疚，我們一旦接受了教皇的教導，內化了這個規則，就有可能用這規則批評與指責自己。所以教皇一方面指責破壞禁忌的年輕人，一方面也會努力透過教育教導，讓每個人都能認同傳統的重要性，讓傳統一直不被質疑的傳承下去。當我們想要反抗某些不合理的傳統，社會的責難就會出現，這時候以為指責的人是外面的長輩、權威者，但其實指責的聲音也來自我們的內在，文化傳統早已在教育過程被我們內化，雖然長大後可以透過個人的覺察而反抗，但已經被個人認同而內化的規則，不容易抵抗，所以「自責」就是來自於內在的責難之聲，也是我們內在的教皇在發聲。

戰車有著年輕人的形象，他充滿鬥志與行動力，駕著馬車到戰地鎮壓敵人，代表這時代以安寧之名所進行的、驅逐擾亂者的維護工作。他背對著城鎮與護城河，保護著城鎮不被戰事牽連，城鎮代表社會群體居住的地方。在井然有序的社會中，無法進入秩序的人會被排擠到邊緣，也會出現冤屈與枉死的情況，這些受委屈的邊緣人就成為擾亂秩序的怨靈，這些怨靈活著的時候沒有得到關懷而受到傷害，最後便以怨靈的形式回來擾亂原有的城鎮秩序。怨靈是受害者，在恐怖電影中，怨靈生前的名字與遭遇被揭發後，破壞禁忌所帶來的混亂就會結束。在每個時代與社會中，都會發生以保護多數人的安寧與安全之名，驅逐他人來維護社會秩序的事件。回到我們的生活，身邊會有一些看不順眼的老闆、同事與家人來擾亂我們的平安，為了讓自己舒服過日子，我們會盡量與他們切割、數落他們的錯、或直接無視，這些都是驅逐行動。他們成為從我的秩序中被排除的人，但排除與避開無法永遠隔離這些麻煩，他們就像怨靈，總是會在平安的日子裡，回來擾亂安寧。就像很多人換工作的原因是不喜歡某個人，但換了工作會發現不喜歡的人依然在。所以最終的解決方法，是要覺察那些人的哪些言行擾亂了我的安寧，而這些擾亂的源頭來自於我們內在的秩序，透過認出我們內在的秩序與規則，就能省思與調整不恰當的自我要求與外在認同。唯有如此才能讓怨靈安息，不再害怕他們出現。

沒有混沌就不會有秩序，所有秩序的存在與維護，代表混亂必然存在，在大祕牌裡的「月亮」就成為秩序之外的混沌狀態。月亮圖像裡沒有人物，只看得到動物，還有穿過動物向遠處延伸的道路，這裡除了動物的野性與本能，還有人無法想像的黑暗與未知。在恐怖電影裡，超出想像、不可理解的事情，都在秩序與禁忌失效後發生，不可理解之物在電影裡可能是超自然的幽靈、也有可能是失去理性的殺人魔。但回到我們的日常，不合理的事就會是我努力工作與加班，但被拔擢的是喜歡摸魚的同事；我用心對待情人，但對方愛上別人而離開；我對朋友真情以待，卻因為利益被背叛……當這些不合情理的事情發生在我們身邊時，就會開始感受秩序到不見了的不安，也不知道接下來到底要依循什麼樣的道理過日子，並覺得過去守規矩的自己很傻，開始否定自己的過去。這就是月亮的混沌出現的時候，在動物與非理性的黑暗世界，道理說不通，一旦對秩序失去了信心，似乎會進入到吞沒自己的險境，但月亮的道路通向的地方，真的是需要害怕的地方嗎？

恐怖電影讓我們看到秩序形成的那條界線，那條界線建構了我們看到的合理、公平的世界，只要界線被破壞，各種不懷好意、未知與不明就裡的恐怖之物就會襲來。畢業後不好好找個穩定的工作、沒有存錢買房、沒有結婚生子……當生命狀態處在社會秩序之外時，自己就成了需要用禁忌隔離的恐怖之物，這時生活就像月亮圖像，雖然日子可以過，但有太多的不明與不安擾亂著自己，也會因為被社會拒絕而開始自我否定。這時除了想要趕快回到秩序之內，是不是可以做一次破壞禁忌的人？拆解已內化到我們內心的規則與要求？

我們認為合理的界線，如果深究就會發現是別人教我們的道理，這些道理雖然讓我的世界有了秩序感，但也有可能阻礙我走向成長的道路，所以秩序的破壞也是自我成長的必經過程。當我認為要被他人接納，就要順應他人的要求時，有一天遇到了斷然拒絕他人，卻也能得到尊重的人時，會對這樣的情境不明就裡的感到生氣，也會對能夠拒絕他人的人感到惱怒，這時，對方就成了我們要驅逐、隔離的擾亂秩序的來源。但這些人沒有做錯什麼，他們只是活在與我們不同道理與秩序世界裡的人。與他們的相遇，會衝撞我們內在建立的各種「應該」，這些應該可能像皇帝牌一樣，建構了每個人的生活秩序與安全感，所以我們就像戰車牌，為了安心生活把感到不舒服的人都驅逐，也讓教皇牌給我們正當理由，繼續維護原有的內在秩序。當我們遇到了擾亂秩序的事，不再能夠理所當然的依過去原則過生活時，就擁有了成為恐怖片裡的主角的機會，也就能夠進入月亮牌裡的道路，雖然白目的破壞了禁忌，但能夠穿過動物的野性與暴力，還有維護秩序的最後防線——兩座高塔，進入月亮牌的黑暗之處，去尋找、探問：「我想要成為什麼樣的人？」有了這樣的探問，當再次回到有秩序的世界，這時候對自己的要求與規則，不再只是不明就裡的追隨他人，而是為自己找到適應社會與成為自己的整合之路。就像恐怖片裡，最後生存下來的主角，大多有著與他人不同的特質，他們比較容易去質疑多數人的想法，也會堅持自己的信念，所以能夠對抗黑暗，成為最終的勝利者，但也需要面對只剩下一個人的孤獨之境

有秩序的生活會給我們熟悉的安全感，對普遍的社會秩序與價值的認同，會給我們與群體同步的歸屬感，這些都是日常的必需品，所以皇帝、教皇與戰車，都是幫助我們進入社會、與群體建立關係、讓自己安身立命的重要學習，也因此大多時候，我們就理所當然的接受了「應該」的禁忌。但如果哪一天，在生活中遇到了質

疑你的「應該」的事情而讓你生氣、惱怒時，在指責他人與驅逐麻煩前，可以先走一趟月亮的黑暗旅程，就有可能帶給你成長與改變的機會。就像榮格所說，接觸黑暗（陰影）的經驗會讓人破壞原有的道德律，要承受他人的責難，卻可以讓自己成為更為成熟的人。

IV 皇帝

【圖像敘事】

以石頭山與石頭椅為背景的皇帝，表情嚴肅，看向旁邊的眼神，似乎在警覺著周邊狀態，他身上的盔甲象徵著防衛與戒備，整體上給人滴水不漏，堅定不移的氛圍。與皇后牌的背景是會依季節變動的大自然不同，皇帝圖像中的大自然是不易變動的石頭，數百年堅定不移，象徵了皇帝對守護江山的堅持、不容許改變的決心。

皇帝圖像中人物以老者形象出現，加強了守護意象，老者並不像魔術師是開創者，也不像教皇有著推動使命的熱情，老者用生命經驗的歷練，為江山永續，建立秩序與制度，就像他雙手上緊握的權杖與圓球，秩序在他的規劃與掌控中，井然有序的被遵守，不容許因個人的情感因素而改變現有秩序。

【解牌敘事】

皇帝是統治者與管理者，用皇帝的態度面對事情，就會注重規則、紀律與秩序。皇帝的態度應對事情，會按表操課、依計畫行事、要求完美及細節、重視穩固的基礎與腳踏實地，並且主導大部分的決定。皇帝的態度，雖然在做事上可以按時達成，但做人會太過嚴厲與要求規矩，反而無法與他人和諧共事，會用以上對下的態度命令他人，注重面子，無法接受他人的指責，或令他有失權威的事。皇帝的態度面對情感關係，在情感表達上有點冷淡、僵硬或過於依照習慣行事，喜歡穩定發展的關係，缺乏浪漫，也希望在重要的人面前成為被尊重的人。兩人的互動比較重視生活中食衣住行的實踐層面，不太有風花雪月的情感互動。

【逆位敘事】

逆位的皇帝失去了掌控能力，並且也無法安穩的坐在自己的寶座上，原來在山腳下的小溪流上湧，流進石頭山，成為皇帝的情緒風暴。皇帝逆位時的態度，雖然也想掌握全局或管理好自己，但紀律不足，成為無法達到自我要求的皇帝。逆位皇帝態度面對事情，容易放棄，對自己失去信心，所以也無法即時下決定及承擔責任。皇帝逆位時，也會因為對他人的不信任，無法放權給他人，也不信任身邊的同事或工作團隊，造成合作關係不和睦，成為獨裁卻無承擔力的領導者，也會因為不相信他人，很多事情都由皇帝自己去做，變成了執行者，不是管理者。在人際關係上，雖然會比正位時柔軟一些，但柔軟會變成沒有主見，也無法言出必行，容易落入無法有效溝通，也沒有能力關懷他人的需求。

IV
THE EMPEROR.
老者的面容，象徵皇帝所累積的經驗。
石頭座椅代表皇帝的權威與威嚴。
兩手緊握權杖和圓球，象徵皇帝的掌控。
石頭山象徵皇帝嚴峻、堅毅的性格。
山下的小溪流是皇帝壓抑的情感。
盔甲展現了皇帝的防衛心，不輕易卸下防備。

人生金句

混沌是自然法則；
秩序是人類的夢想。
——亨利．亞當斯
（十九世紀美國歷史學家）

Chaos was the law of nature;
Order was the dream of man.
— Henry Adams

V 教皇

【圖像敘事】

教皇圖像以三人構圖，強調了三人形成的關係，教皇在上，這個主要人物占據了圖像中間。兩名修士以半身背影的方式呈現，他們是圖像中的陪襯，強調教皇有著跟隨他的群眾。雖然教皇是中心人物，但他不像皇帝是絕對權力者，教皇高舉雙手向著上方，象徵了教皇身為上帝的代言人，教皇說的所有話語都來自於神。

皇帝與教皇雖然都是領導者，但教皇圖中出現的修士，強調了傳達與教育的身份，修士依循著超越個人的理念與使命，雖然跟隨且臣服於教皇之下，卻是對更高使命的臣服。教皇年輕的形象表示不斷傳承使命的生命力，教皇不只維護秩序與傳統，他所重視的是傳統背後的精神，並透過教育，代代相傳。

【解牌敘事】

教皇的態度會重視傳統價值，充滿熱忱的投入理念的傳承與教導工作。用教皇的態度面對工作，會重視組織中規定好的上下階級與做事規則，也會維護組織理念。如果看到有人對規則有異議，教皇不只要他人遵守，還會耐心說明與教導要遵守的原因。教皇的態度是為了崇高的理念而努力，他的所作所為比起為了自己，更是為了維護團體、組織、國家等利益而為。在人際關係上，常給人說教、說理的印象，也會相信自己的信念，所以也容易否定、指責與自己不同想法的人。在面對情感關係時，教皇的態度略顯保守，跟隨社會的主流價值，維持傳統的角色分配或家庭生活，兩人的互動關係也大多會變成上對下的溝通，像老師和學生、父母和小孩，很難與他人建立像朋友一樣開玩笑，或沒有身份差異的平等關係。

【逆位敘事】

逆位的教皇出現叛逆、突破傳統、一意孤行等的態度，會從保守的守舊派成為想要打破傳統的異議人士。逆位教皇的態度，不喜歡團體給予個人的束縛，質疑規則或教條，想要突顯自己的獨特性，也不太容易接受別人的教導。或者過於堅守傳統立場或維護團體，變成教條主義，無法容納其他人的想法或意見。在韋特圖像中，出現多人圖像的牌，都呈現了某種關係結構，在教皇牌呈現的是上下階級關係，所以逆位教皇，可能對階級制度質疑、不滿或適應不良，也無法成為帶領別人的領導者，也有可能對原有的信仰、信念失去熱情與興趣。在感情上，逆位教皇也不想跟隨傳統價值，對結婚的承諾質疑或恐懼。整體來說，教皇逆位時的態度，會害怕被歸類或臣服於特定人物、團體或理念。

祝福手勢代表教皇是精神導師。
教皇年輕的面貌，象徵教育者的熱情與對使命保有的動力。
兩把鑰匙代表教皇教導著世俗與精神世界。
V
THE HIEROPHANT
皇冠呈現了教皇崇高的地位。
教皇向上的權杖，連結著神聖，成為神聖的溝通與橋梁。
兩位教徒跟隨教皇，展現了教皇的領導力。

人生金句

年輕的時候遵守所有的規則是好的，
當你年老時，才有力量去打破它們。
——馬克．吐溫
（十九世紀美國小說家）

It is good to obey all the rules when you're young,
so you'll have the strength to break them when you're old.
— Mark Twain

大祕牌中的多人構圖

在大祕圖像中，有些是單人構圖，有些是多人構圖，當出現一位以上的人物構圖時，從人物關係的安排與配置，可形成人際關係層次的圖像解析。例如：教皇以一人獨大的構圖，突顯了上對下的關係；戀人為兩人同等大小、同樣空間配置的構圖，展現了平等的兩性關係；戰車是人物與神獸向著共同目標，呈現了需要達成共識的合作關係；力量以少女與獅子向著對方接近的身體語言，顯現了相互接納與認同的退讓關係等。

VII 戰車

【圖像敘事】

戰車圖像裡的人物，站在石頭材質的戰車裡，身穿盔甲，手持權杖，頭上戴著象徵勝利的月桂冠，猶如向戰場前進的將軍。下方有兩隻一黑一白的斯芬克斯神獸，神獸擁有比人更為強大的力量，一黑一白象徵了祂們的對立，但神獸沒有被韁繩束縛，卻與人物看向同一個方向，象徵神獸與人形成的合作關係，人物說服了神獸，朝著共同目標前進。

戰車後方有河流與城鎮，河流阻隔了戰車的退路，並保護了城鎮，這是護城河，也是讓戰車只能前進、不能後退的決心。向著戰場，面對危險與衝突的戰車，為了守護家園，表現出強大的意志力，兩方對立的斯芬克斯也被他說服，突顯了戰車人物不畏懼衝突，勇往直前的毅力。

【解牌敘事】

戰車的態度積極、充滿行動力，所以不論在什麼情境中，戰車都與持續前進與積極追求目標有關。在工作上，戰車的態度能夠設定目標、面對障礙，勇往直前，不會輕易放棄，並在原訂的目標達成以前也不會轉移方向。但戰車的態度，在面對人際關係時，太過於直接與獨斷，有時較難與他人分工合作，如果團隊沒能達成協議，也會一意孤行走自己決定好的道路，猶如拉戰車的兩位神獸，祂們並不是平等的友伴關係，而是走向利益共同體的共識關係。戰車需要有目標才能往前行，所以在感情上，一旦兩個人的情感確定，戰車的態度也會不斷建立情感階段的不同目標，例如買房、買車、累積更多的存款準備結婚等。戰車的態度勇於面對挑戰，也不怕困難，反而會越挫越勇。

【逆位敘事】

戰車逆位時就會失去動力，猶如行進在路上的車子拋錨，戰車逆位的態度，面對事情時容易失去動力、進退不得，而產生焦慮不安。猶如半路拋錨的車子無法如期赴約，戰車逆位時，總會有種有事情要完成，但什麼都做不了，或沒有動力去做的著急。逆位戰車態度，也會表現出失去方向的迷茫，會嘗試很多事，想要找到持續進行的方向，但也常覺得那不是自己想要的，而中途放棄。戰車的動力來自於圖像背景中他要保護的城鎮，逆位戰車會失去了動力，也可能是找不到想要珍惜、保護或重要的事物，所以較容易感到無力與挫折。

VII
THE CHARIOT.
權杖象徵戰車人物的主導性及掌控力。
石頭材質的戰車，象徵了堅毅、不易放棄、越挫越勇的精神。
一黑一白的斯芬克斯，象徵二元對立的力量，駕馭戰車的人需要用智慧與意志力協調。
桂冠是賜予勝利者的頭冠，代表戰車的戰勝精神。
盔甲呈現了戰車牌自我防衛、不易改變的特質。
戰車離開城鎮，代表離開舒適生活，積極朝向未知的行動力。

人生金句

我們征服的不是高山，
而是我們自己。
——愛德蒙．希拉里
（二十世紀紐西蘭登山家）

It is not the mountain we conquer,
but ourselves.
— Edmund Hillary

XVIII 月亮

【圖像敘事】

月亮圖像裡沒有人物，只有動物，象徵了非理性的世界，在這裡本能掌控著理性，情緒主導行動。上方的月亮閉起眼睛低下頭，沒有向外觀看，它的側臉與隱士的側臉相似，象徵著向內的省思與探索。圖像中間有一條道路向後方延伸，道路兩旁有一隻狗與狼，最前方有小龍蝦，牠們都頭朝閉起眼睛的月亮，象徵高處的意識與低處的意識沒有交集，連結這兩者的是中間的道路。

道路向更黑暗的地方延伸，經過了動物，還有兩座高塔分立兩邊，高塔猶如關卡與邊界，經過高塔就會走入只有高山與黑暗的地方。在理性之外的無意識深處，是需要時時刻掌控一切的理性的不安、害怕、焦慮等本能情緒，這些情緒需要我們勇敢的直接應對，經過動物與高塔，深入黑暗，尋找跨越之道。

【解牌敘事】

月亮牌代表某種模糊、不明確的態度。面對事情時，容易看向混亂、不安的狀態，認為自己無法弄清楚狀況，感覺眼前布滿濃霧，無法看清事情的全貌，需要做決定時，月亮的態度會猶豫不決或反覆無常，很害怕自己的決定是錯誤的，會發生不好的結果。月亮的態度也會對人不友善，總覺他人的好意另有所圖，或者很多人都在說謊或不真誠，所以就會封閉自己，跟他人保持距離。月亮的態度，猶如無法在夜晚前進的旅人，或者在夜晚會把平常事物誤認為可怕的威脅，心中充斥各種可怕的幻想，但因為黑暗也無法改變事態，只能在害怕中等待危機退散。月亮的態度對人、對事都有很多猜疑，所以容易處在很不安的心理狀態。在感情態度上，曖昧不明，無法給予情感上的承諾，也會因為無法信任對方，常常在誤解中受傷與生氣。

【逆位敘事】

逆位月亮的態度，會否定自己在不安、焦慮與不明確的狀態，也不認為自己看不清真相，總是對外表現出無所謂與開心的樣子。因為害怕獨處，也會過度討好他人，或者不會表現出不愉快或不滿的情緒。逆位月亮的態度，也會很容易相信預言、啟示、都市傳說、網路流言等，不去探究事情合不合理，就直接深信不疑，透過這種相信排除心中的不安。月亮逆位的態度，是處在脆弱的情緒風暴，無法控制情緒，容易被一些小事激怒、受傷、猜忌，情緒起伏比較大。也常會把自己感受到的不安與害怕的責任，轉移到外在環境中，指責他人的行為，或者認為風水不好、沾到不好的東西，生活才會被擾亂。

兩側聳立的高塔，猶如邊境的關卡，標示了穿過動物更遠處的未知領域（人所害怕之處）。

閉著眼睛、頭朝下的月亮，關注內心世界。

朝著黑暗深處延伸的道路，代表穿越動物、走進更深的黑暗，才能面對不安。

動物在月亮裡象徵本能或非理性的情緒。

人生金句

我們害怕進入的洞穴裡
藏著正在尋找的寶藏。
——喬瑟夫．坎伯（當代美國神話學家）

The cave you fear to enter
holds the treasure you seek.
— Joseph Campell

送給正在思考生命意義的每個人
——愚者、隱士、太陽

出了社會常常被問工作或職業是什麼？填表格也會有職業欄，這些問題似乎是在問：我們人生大部分的時間在做什麼？而這個「做什麼」已經被分類與歸納，讓他人可以一目了然，但我們的職業真的可以代表我們在「做什麼」嗎？回想一下小時候，如果大人問長大後要做什麼，我們的回答未必是職業，而是想要完成的夢想，所以小孩子會回答科學家、醫生、警察……這些也可以是職業，但小孩子在回答時，並不是從職業的角度考慮：年薪有多少？有沒有在職保障？工作穩不穩定？他們所想的是這些夢想可以完成的事，例如科學家可以發明很酷的東西、醫生可以救人、警察抓壞人等。小朋友回答的夢想比較是「志業」，是想要藉由職業完成的事，所以「想完成的事」才是重要的，其實做什麼工作是其次，只是長大後，我們都理所當然的被分配到了各種職業，卻淡忘了在這些職業中我們想要經驗什麼。

我們都會問人生有什麼意義？或者我現在在做的事情有什麼意義，當我們在問有關「意義」的問題時，需要從「經驗」觀看，而不是「條件」。條件是已經分類好的項目，就像職業的分類有社會性的普遍標準，例如穩定工作的條件，就是薪水穩定支付、可依工作年資獲得升遷機會、有退休保障等。當我們在思考工作時，大都會從條件去考量，但這些條件無法說明我們會在工作中經驗什麼，有人在穩定的工作中，經驗生不如死的職場地獄，也有人在沒有前途的工作中，經驗同事之間的友誼與關懷。所以經驗職場地獄的人，會認為工作沒意義，只有痛苦；經驗同事之間友誼與關懷的人，會認為有沒有穩定的工作不重要，做得開心才有意義。思考工作意義與人生意義，其實是同一件事，很多人以為人生有了穩定工作、結婚成家、買房、出國旅遊就可以過得有意義，但這些只是社會身份的項目分類，無法表達我經驗了什麼樣的人生。

韋特把愚者形容為渴望經驗的靈魂，所以愚者才會走向懸崖，想要縱身一躍，投入其中。愚者展開雙臂，抬起頭走向前方，不論前方有沒有路，他都不會退縮。

前方的懸崖是一般人不會去的地方，也代表社會規範的邊界，跳下懸崖，我們不再是可以用社會現有條件定義的人，所以只能自己來定義自己。高中畢業後，朋友都理所當然進了大學，如果只有你選擇進入職場，這時你就是跳下懸崖的愚者，愚者想用自己的方式體驗人生，但路上會有太多人質疑你的選擇，認為你的條件不夠好，這時你很有可能會認為自己做了錯誤的選擇，開始後悔愚者的縱身一躍。愚者跳下懸崖有錯嗎？或許他人對愚者可以用對與錯來評價，但愚者自身是經驗者，他一定會告訴你跳下懸崖後他所經驗的事。當其他人只能用條件計算成與敗的標準時，愚者卻是用經驗來領悟他跳下懸崖的意義。

躍入經驗的愚者，才能成長為「隱士」，隱士所走過的路與經驗，以老者形象來表現，並停下腳步，閉起眼睛。我們用眼睛觀看世界，但也被眼睛矇騙。沒有經驗的愚者，會努力追求光鮮亮麗的外表與條件，好學校、好工作、好對象、好房子……但隱士閉起眼睛，不再用眼睛觀看世界，而是用心去體會。隱士圖像裡的色彩簡單，與愚者圖像有很大的差異，隱士不再被華麗的外表矇騙，所以他閉起眼睛但提著有光的燈籠，代表他還是在看向世界。但他所在的地方是曠野，並不是人會居住的地方，所以也代表隱士不再被他人的評價影響。隱士是一位智者，他可以不受外人的評價影響，是因為他從經驗中看向的是意義，而不是擁有了人生勝利組的條件。

如果面對人生每一段的抉擇，我們是用經驗思考，就不會有「怕選錯」這樣的想法。對與錯是在某些恆定的標準下才能衡量的結果，當我們用對與錯來衡量自己的選擇時，就是從條件來思考未來，這時候我們重視的不是經驗或意義，而是別人如何評價我的選擇。所以不念大學的決定，從社會條件來考量，就是錯的選擇，但從不念大學投入職場的四年經驗來觀看自己，就有了大學四年無法學習與領悟的意義。從經驗去做抉擇，每一條路都會是獨特的，就算走上了不是自己喜歡的路，也是一次更認清自己想要什麼的經驗。所以從經驗的觀點來看，每一次的選擇都是發現自己的過程，無所謂失敗與成功。如果不讀大學、進入職場後，發現自己還是喜歡讀書，這時還是有很多機會可以讓我們回到學校，而且這時候的讀書，就會特別有意義。

很多人都會說讓興趣變工作，是謀殺興趣的作為，最好把這兩者分開。但我們想要樂在工作，為何不能讓興趣成為工作呢？這不是兩者相互排斥的問題，而且剛開始追求夢想時我們是愚者，但一旦夢想成為工作，我們就想用工作來證明自己，這時興趣就成了定義我的成敗的條件。如果你喜歡烹飪，高中畢業就直接投入職場，想要盡快成為專業人士，之後開一家餐廳。但如果多年後，還是無法開餐廳，或開的餐廳沒有成功時，你還會喜歡烹飪嗎？如果沒有，就代表這時烹飪已經不再是讓我人生有意義的興趣，而想要達到成功的條件。我們會在興趣中不快樂，是因為把興趣變成衡量人生成敗的條件，不再是那個最初投入經驗，並樂在其中的愚者。日劇裡很多食物與療癒的故事，都在談烹飪者如何用食物療癒他人，在這些故事中，主角或許有餐廳經營不善的煩惱，但他不會以餐廳的成敗來衡量烹飪之於他的意義，所以主角能一直在烹飪中獲得成就感。

在人生路上成為隱士，雖然可以堅持走自己的路，不受他人影響，但也可能一直特立獨行，不再能適應社會。隱士手上的燈籠，是他投入世界的初心，只要點亮這盞燈，隱士就不會迷路，但活在社會中，只有初心並不能解決一切問題。傳承好幾代的家族事業，如果沒有因應時代改變，也有可能沒落，或者只堅持由家人傳承，如果小孩拒絕，也會帶來問題。所以愚者的成長，不會在隱士結束，必須繼續前進到「太陽」。太陽牌裡全身赤裸的小孩，有著愚者與隱士的經歷，是大智若愚的智者。他騎在馬上向前看，有著愚者向著未來的不畏懼，他的全身赤裸是隱士的初心，但小孩的形象表現出比起年輕的愚者或年老的隱士更多的可能性，小孩會認真的玩（投入經驗）、沒有偶包（不理會他人的評價），他的天真浪漫不是因為無知，而是跳越世俗規則的智者。如果愚者是跳下懸崖打破社會規範、隱士是走在讓規範無效的曠野，但也會孤立自己，而太陽裡的小孩，懂得需要社會規範的重要性，所以不只是打破、無視，而是為自己與他人創造新的遊戲規則，讓其他人也可以省思，人生可以有更多的玩法，不需因已知的條件而受到局限。

如果你現在正處在人生的十字路口，不知如何抉擇；或因為過去的選擇而懊悔；或者因為自己的社會條件不足而自卑，請你用「經驗」來重新看向你的人生。如果從經驗觀看，哪個選擇會你最想體驗的人生？從經驗看過去的選擇，在選擇後你經驗了什麼？這些經驗又帶給你哪些意義？還有不論你的社會條件如何，從經驗觀看，你想要活出什麼樣的人生？請你把愚者、隱士、太陽中的三個人物形象放在心裡，當你無法擺脫他人的要求時，請你想著愚者，並想像跟他一起跳下懸崖，體驗一下那會是什麼感覺；當你在追求夢想的路上，很難抵抗外面的人的評價，這時你可以想像自己成為隱士，不忘初心，就算一個人也堅持走到目的地；如果你覺得這世界的成功典範太單一、無趣，你可以想像成為太陽牌裡的小孩，看看自己能夠為這世界創造什麼樣的新玩法。如果你正在問自己「人生有什麼意義？」請你把問題改為「我經驗了什麼樣的人生？」，當你開始從經驗述說你的人生時，意義就會慢慢浮現，也會把你推向你想要經驗與成為的人生。

0 愚者

【圖像敘事】

圖像中的人物，以側身形象，呈現了動態構圖，他的兩手與雙腳都向外張開，用他的全身來感覺並走入世界。他的眼神看向遠方，腳步向前踏，充滿了對未來的期待。一手持包袱，代表他是旅者，但穿著華麗，另一手拿白玫瑰，他並沒有在趕路，反而愉快的欣賞著旅途上的風景，每一步都是體驗與享受。

腳邊有一隻白狗正在跳躍，他們都在危險的懸崖邊，卻沒有停止腳步。愚者並不是安全為優先的深思者，猶如遠方尖尖的山頂，他期待冒險、挑戰，不顧危險。就算他的旅途被懸崖阻礙，也未必會繞路或結束旅程，反而想要體驗懸崖帶給他的經驗。他站在懸崖高處，高高仰起臉，愚者想要到達的地方是世界的最高峰、最遠方，那些其他人不敢嘗試的冒險，正是愚者想要踏入的世界。

【解牌敘事】

愚者代表一切從頭開始、不需被過去束縛、向著困難勇往直前的態度。用愚者的態度面對抉擇，就不會顧慮太多、沒有未來計畫，難度越高越能引起愚者的好奇。愚者的態度所下的決定快速、衝動，在旁人眼裡會覺得魯莽、不切實際。隨心所欲的決定與行動，可以是一次沒有計畫的旅行、人生道路的轉向、跳入不確定的情感關係等，不論面對的是什麼樣的決定，愚者的態度總能樂觀輕鬆的看待，並且擁有拋開一切大膽邁進的膽識，雖然給人孩子氣、幼稚、任性、只顧自己等印象，但愚者無憂的態度，也會令人羨慕。愚者的態度，無法忍受一成不變的日子、穩定的生活、沒有變化的感情狀態，所以也有可能為了改變，獨斷做出魯莽的決定，而讓身邊的人因為改變而感到不舒服、受傷或生氣。

【逆位敘事】

逆位愚者的態度，不再是沒有任何顧慮、大膽前行的冒險者，反而會對決定感到疑惑與不確定，雖然也想要突破現狀，卻無法邁開腳步，有太多顧慮的事物而變得小心翼翼、退縮，他也會覺得自己想要從頭開始的想法，是不切實際與不負責任的，所以不敢行動。愚者逆位的態度，也有可能變得更為粗魯或魯莽，完全不顧慮他人的感受，只想到自己要什麼。不顧他人的意見，做事粗心、隨便，也會給人不負責任的印象。逆位愚者的態度，會活在自己的世界，與外在世界產生隔閡或過於不切實際。

0
THE FOOL.
裝飾繁複的服裝，象徵愚者尚未社會化的狀態。
白色的陽光，猶如早上剛升起的太陽，象徵愚者處在旅程的開始階段。
動態的腳步，突顯了愚者的行動力與急於前進的心情。
白色玫瑰象徵愚者的天真。
懸崖是突破社會規範的界線，也是愚者想要跳下去的地方。
白色的狗是愚者的旅伴，也代表愚者的靈性，在未來的旅程陪伴及保護愚者。

人生金句

信息不是知識。知識的唯一來源是經驗。
你需要經驗來獲得智慧。
——愛因斯坦（二十世紀重要科學家）

Information is not knowledge.
The only source of knowledge is experience.
You need experience to gain wisdom.
— Albert Einstein

IX 隱士

【圖像敘事】

隱士圖像的構圖最為簡潔，以人物為中心，背景只有山頂，象徵了隱士已經遠離世界。人物站在高處的雪地上，那不是安全的落腳處，但他卻閉起眼睛，停止前進。他似乎已到達目的地、他想停留的地方，他的停止象徵了隱士不再被外在條件受限，前進不一定要有目的地，停止也不需要理由。

他一手持著星星燈籠，正在散發著黃色的光芒，另一手握著黃色手杖，這是他和世界的連結，雖然他已閉上眼睛，但並沒有與世界隔離，他的停止反而為他人帶來指引方向的力量，猶如海上的燈塔，雖然孤立在海邊，卻為大海上的船隻導航，讓他們找到回家的路。隱士閉起眼睛，是要告訴我們真正回家的路在內在，唯有向內認識自己，才能讓心回家。

【解牌敘事】

隱士的態度沉靜、獨立、能夠省思自己，不論是工作還是感情狀況，不太會出現過激的情緒，但會想要獨處，避開衝突，不喜歡和他人有過多互動，總把心事藏在心裡。隱士的態度穩重，不喜歡群聚，反而會得到他人的信任，雖然不是隨性、好相處，但也不會去干擾他人的做事方法，也不會主動提供意見，所以是沉默的旁觀者，也會盡量不去參與團體活動。隱士的態度在工作上，不喜歡團隊合作與請求他人幫忙。他喜歡獨立作業，面對事而不是人，也不積極爭取對外展現的機會，雖然具備足夠的能力與資歷，不擅交際，所以比起擔任帶人的主管職，會更想停留在獨立作業的環境。在感情關係上，隱士的態度也較被動與沉穩，是安靜的陪伴者，不是積極的行動者。

【逆位敘事】

隱士逆位時的態度，猶如無法安穩待在家裡寫功課的小孩，一直想著要到外面玩耍，草率完成功課，最後被爸媽或老師責備。需要自省、給自己獨處時間的隱士，逆位時會為了工作、人際關係而忙碌，但這樣的忙碌只是無法因為獨處而產生的行為，反而突顯了隱士的焦慮，所做的努力也常常沒什麼成就，也就是白忙一場。隱士是一位不善交際應酬的老人，所以逆位隱士的態度在面對人際關係上，雖想要擁有更活躍的社交活動，但並不擅長與人交流，常會弄巧成拙，說出不合禮儀的話，也無法同理他人的情緒，雖努力想要為他人著想，反而會讓他人不舒服。逆位時的隱士，也可能會出現怪罪他人的態度，不再能夠往內在自省，而是把問題轉向外面，認為是他人沒有把事情做好，流程出了問題運才會導致不好的結果。

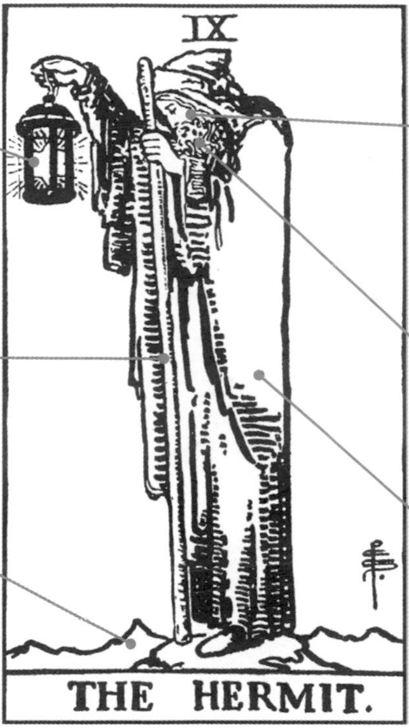
IX
THE HERMIT.
燈籠裡的星星是隱士指引他方向的明燈。
低頭閉上的雙眼，代表隱士不再觀看外在世界，向內心探索。
杖是支撐隱士的經驗與智慧的支柱。
老者形象是豐富的生命經驗。
隱士征服了山頂，停止追求，不再往前行。
灰色中性色彩的袍子，呈現隱士從世俗世界中隱居與低調。

人生金句

自我認知並不能保証幸福，
但它有助於幸福，
可以提供勇氣為之而戰。
——西蒙．波娃（二十世紀法國哲學家、作家）

Self-knowledge is no guarantee of happiness,
but it is on the side of happiness
and can supply the courage to fight for it.
— Simone de Beauvoir

XIX 太陽

【圖像敘事】

太陽圖像以赤裸的小孩為主要人物，象徵了小孩的初心、純真與真誠，小孩雙手雙腳張開，無所畏懼的騎在白馬上，一手握著紅色旗子，他的形態與死神相似，卻以小孩形象強調了新生命的喜悅。高掛在天空的太陽，雙眼與小孩一起直視著前方，太陽影響著每個人的生活，在陽光普照的日子，我們會感受喜悅與歡樂，陽光象徵了向陽的生命，不再畏懼處於陰影中。

後方有一堵牆，牆上長滿了向著前方的向日葵，代表不需再回到圍牆之後的世界，在太陽圖像中，未來就像快樂的騎在馬上的小孩，充滿好奇與期待，過去也被張開雙手的小孩全然接納，所以不再需要遺憾。對生命抱持著頑童般的赤子之心，無所畏懼、心無罣礙的向前進。

【解牌敘事】

太陽牌是明亮、快樂、無擔憂的態度，就像圖像中大大的太陽與向日葵，天天都是陽光普照的好天氣，不需擔心未來，也不需煩惱現在。大人的擔憂是不想讓自己出錯，想著做錯了、搞砸了、失敗了怎麼辦？但小孩卻只關心好不好玩，就像擁有太陽態度的人，不論遇到什麼事都能樂觀面對，不會退縮、不會害怕、也無所恐懼。小孩子天真的探索世界，在他們的觀念裡還沒有對與錯，所以能夠放手去做任何好奇的事。太陽的樂觀沒有理由，就像陽光照耀，我們就會有好心情，這是對活著這件事的感恩、珍惜與信任，並相信天塌下來也不會絕人之路，就像太陽從來不會消失，生命也能像太陽一樣持續好好的活著。

【逆位敘事】

逆位太陽的態度，猶如出現了遮住陽光的烏雲，從原本樂觀的態度，開始擔憂未來，也會對身邊發生的小狀況不敢輕忽，小心對待，害怕事情會有不順心的發展。太陽逆位時，雖然也想放下不必要的擔憂，卻會注意到可能的危險與不安，甚至會要求自己要樂觀、要快樂，不敢讓自己變得不愉快、或者進入情緒低潮，在他人面前一直表現出積極、正向、無憂無慮的樣子，但內在卻感受到情緒壓力，也會避開任何不愉快的事。太陽逆位的態度容易看向事情可能失敗的結果而無法全然放心，當發展不如意時，也較容易怪罪到環境與他人，害怕承擔不好的後果，被他人指責。

眼睛張大、迎向前方的太陽，光明的照耀著前方道路。

向日葵是可以一直向著陽光的快樂心情。

張開雙手雙腳的小孩，沒有害怕、沒有恐懼。小孩也有赤子之心的意義。

飄揚的紅色旗子象徵生命的熱情與活力。

後面的圍牆代表過去不再留有遺憾，只需迎向未來。

白色的馬猶如死神牌中的馬，代表人的精神與靈性。

人生金句

尋樂的智力就是創造力。

——愛因斯坦（二十世紀重要科學家）

Creativity is Intelligence Having Fun.

— Albert Einstein

先畫下句點，才會有新的開始——世界

很多人都知道好的開始是成功的一半，卻忽略另一半是掌握畫句點的能力。什麼叫「畫句點」？簡單來說，就是完成的功課。一件事情要在哪裡結束、何時結束，似乎不在我們的掌握中，我們都是在結束來臨時後知後覺，或是在猶豫不決中，一直畫不下句點。在生命故事中，我們都很專注在新的開始，卻遺忘了任何的開始先要有一次的結束才能展開，所以開始與結束其實是一體兩面的事情，或者反過來說，有了結束才會有開始。

講到在人生中畫下句點，很多人想到的是生命的終結，或某件事情的終極，但結束就像文章中的句點，一篇文章中句點不只一個，在最終的句點來臨前，文章中間會有無數個句點代表一個句子的結束、一段話的完成、一個章節的終結。而人生也就像一篇小說或文章，能夠在適當的位置畫下句點，文章才會通順、易讀、意義明確。所以在人生路上的句點，不一定是一件事情的結束，反而可以看成是下一個開始前的停頓與完成。任何一個新的開始，沒有前一段的結束就無法往前進，所以也可以換個方式想，當我們想要有新的開始時，就可以為自己畫下一個句點。

如果結束是為了新的開始，不結束也就代表不會有新的開始，例如一段發展中的感情，也需要有句點來讓情感不斷有新的進展與轉變，但在感情中畫下句點並不一定是一段關係的結束，而是某段關係進入下一個階段的一種進階，從熱戀期到穩定期、從穩定期到婚姻的過度、從婚姻到有小孩……任何一段情感關係都會經歷階段性的轉變，這時候如果沒有學習怎麼為新的階段畫下現階段的句點，就會一直留在原處無法前進。我們的工作或事業也是同樣的道理，社會新鮮人與在社會中有幾年的工作經驗的人的歷練不同，對工作的規劃與想像也會有所不同，所以面對工作的態度與想法也會不一樣。相對的，如果我們在感情中、工作中覺得自己一成不變，十年如一日，但又很想嘗試新的事物，或許這時候並不是一直問要如何才能找到新的開始，而是要問，要如何才能畫下句點。

句點，也是為自己找到意義的方法。當我們看劇時，很難在沒有結局前，就對劇情、角色下定論，通常前幾集的印象，可能到中段後反轉，又可能到結局再一次轉彎，所以我們看劇很重視最後一集。看到最後，我們會終於能夠說出整齣劇想要講的意義。人在看劇、聽故事時，不只是想聽好故事，也想要知道故事到底講了什麼，因此結局未明、故事意義模糊的劇，通常也不受大眾喜愛。故事的意義是在整體中才能被理解，就像我們要看完劇才能知道故事要講的意義，人生也是如此，如果我們想要知道人生意義是什麼，要等到演完了才說得出來。但人生的演完如果只定義是死亡，那在死亡前，我們就不可能對生命意義有所領悟。可是就像寫文章，在完成整篇文章之前，有很多句點會形成文章的段落，人生的劇本是自己寫的，所以在死亡來臨前，我們也可以用句點為自己寫出好幾段的故事。

例如交往多年的感情，已感覺到某種倦怠，雖然並非不喜歡對方，但也講不出是不是喜歡，這時很多人就會思考分手。但在分手之前，是不是可以先嘗試讓這段關係有一個小句點？要畫下句點時，就要思考，要結束的是什麼樣的關係階段？是兩人感情穩定期的句點？還是兩人建立生活習慣的句點？在定義畫下句點的那一段，也是用意義來完成一段故事，一旦能夠完成定義，自然就會出現下一個新階段的方向。每一段經驗我們很容易用好與壞、對與錯來評價，但如果我們像看劇一樣，把現在視為電視劇的最後一集，再從最後一集往前回溯人生，就成為一個演完的整體故事。從整體去觀看人生，很難只用好與壞、對與錯來評價自己，畢竟沒有一個人能接受自己的人生是只用一兩個字就能說完的故事，就算是影評用爛劇來評價一部劇，也會說出為什麼爛，同樣的道理，用整體的視野回溯人生，我們也會開始說出是什麼樣的故事。

當我們在失敗的情緒中，很容易用當下的挫折與失敗定義自己，並且一直放大過去受挫的經驗，但如果我們要說出是「什麼樣的失敗？」每段經驗就算是失敗，也都會有不同的意義。這時，我們就能把定義我的生命的主導權，從情緒拿回到自己手上，也能從部分偏誤的觀點，調整回整體性的思考。如果今天我們看完劇，只用好劇、爛劇來評價，不會有人想要聽我們說，那部劇有看沒看也沒有太多差別。但在好與壞的背後，一定有我們沒有說出的想法，那些評價背後的故事，才是定義人生時需要說出來的內容，也是我們要為一段生命故事畫下句點時，需要思考的方向。

「世界」是大祕牌的最後一張，圖像也有大句點的意象，裸身的女人在圓形花圈中跳舞，代表她是一個可以在生命中，自在的畫下句點的智者。女人的腳步往前踏，表現一種動態的步伐，她可以是正要跳進圓圈，也可以是正要跳出圓圈。進入圓圈象徵要畫上句點，走出圓圈外，是從句點走向新的開始，但因為兩者都有可能，也可以說世界圖像的女人是畫下句點與新的開始這兩者一併進行，每個新的開始都是從結束展開，每個開始也都會走向結束。一般我們都會把結束視為靜態，結束了，一切就會停止，但世界牌反而以動態圖像，展現了結束是一種行動，不是停止，而是推動力。

如果你的人生故事感覺歹戲拖棚，也沒有什麼新鮮劇情可展開，或許你可以為目前的戲畫下句點，就算是開放式結局、爛尾也沒有關係。這時候的句點是為了展開一段新故事的推動力，而人生故事從某個角度來說都是原故事的新一季，就算這一季的結尾我們不滿意，在新一季都有翻轉的機會，所以不必非要給自己一個好結局才能畫句點，塞翁失馬焉知非福，失馬的故事可以有第二季、第三季，所以是禍？還是福？就讓我們用畫句點的能力，展開後續更精彩的故事。

XXI 世界

【圖像敘事】

圖像裡以人物為中心，被一個圓形的桂冠花圈圍繞，花圈上下有著紅色的無限符號，象徵花圈是無限的空間。人物赤裸著腳步向前，但她的頭轉向後方，她的姿態象徵了過去、現在、未來，猶如身上飄著的披巾。圖像展現了無限的時間與空間，尤其人物所在的地方並不是人間，象徵了人物處在超越時間與空間的地方。

圖像四邊有四位天使，也曾出現在命運之輪的圖像中，象徵了超自然的守護力量（老天保佑）。世界圖像表現的並不是我們所生活的世界，而是超越時間與空間的精神或內在世界。在內在世界，我們才能赤裸的面對自己，也能超越時空，回顧過去、展望未來，個人的生命在內在世界最真誠的展現，也需要我們的覺知與接納，這是我們對自己的人生產生的了然與領悟。

【解牌敘事】

世界牌是用完成與結束來面對事情的態度，例如在工作上完成一個專案；感情上進入搬家、同居、婚姻、生育小孩等新階段的轉換；或結束一段不愉快的感情；學業上畢業或完成論文等。世界牌就像一個句點，用世界的態度面對事情，不論目前發展的進度與狀況，都會有股結束的時候要到了的感受，並想要了結未完成的事。當我們能夠結束一件事，是因為事情到達我們可以接納的結果，這種結果，未必符合最初的目標，但不論如何，當我們可以接受時，就會讓它結束，這時就感覺圓滿，雖然不是盡善盡美，也不會覺得有所缺憾。當遇到抉擇時用世界態度面對，會認為現在走向新的開始是因為過去已完成，不需有遺憾。世界的態度雖然也跟結束有關，但與死神的態度不同，沒有用死神鐮刀切割的痛，反而像圖像裡的圓圈，之前感到不足、無法釋懷的部分會被補足，可以沒有遺憾的前進。

【逆位敘事】

逆位的世界是不想結束，或者在不該結束時要了結的態度。例如工作上某些專案大家都非常投入，但可能因為經費等其他問題得要提早結案而成為遺憾；或者已經完成的專案，因為各種原因無法提出成果而懸置。在感情上，有可能一直無法與想分手的對象分離而痛苦；也有可能感情到了有名無實或產生陌生感，卻找不到結束的理由；或者單方面離開關係；也可能和喜歡對象一直處在曖昧狀態有沒進展等。世界逆位的態度，在看待事情時，都會看向遺憾與無法接納的部分，所以很難放下，會從事情沒有結束或被迫結束的觀點去理解。

紅色的緞帶串起無限大的符號，象徵無限與循環。

上下雙尖的權杖連結天與地、開始與結束，在圓圈內融合。

桂冠花圈象徵勝利。

聖經裡的四活物猶如天使守護著花圈裡的人。

女人的身體往前、頭偏向旁邊、身上的披巾從遠端往前飄揚，象徵了世界牌走過過去、享受當下、迎向未來的整體狀態。

動態的腳步象徵朝著下個階段前進。

人生金句

如果你想要一個圓滿的結局，
取決於在哪裡結束你的故事。
——奧遜．威爾斯（二十世紀美國電影導演）

If you want a happy ending,
that depends, of course,
on where you stop your story.
— Orson Welles

Chapter 4

小祕牌的數字牌

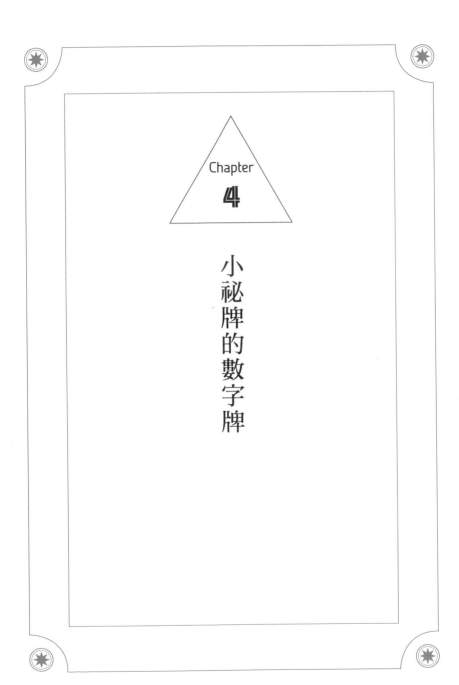

在韋特塔羅發行前，小祕牌以元素與數字表現，並沒有人物構圖。在占卜應用上，依賴牌義，牌義就像密碼對照表，透過記憶才能進入解牌。但韋特塔羅的小祕牌，轉變為有構圖的故事畫，比起牌義，更需要解析圖像，才能解讀圖像傳達的故事與意義，而元素與數字的意義，在韋特塔羅的小祕圖像中，成為深入分析圖像人物的意圖、動機、身心狀況的線索，讓故事更為生活化。例如：聖杯4與五角星4，雖然圖像中已明顯畫出兩張牌的故事：坐在樹下表情不滿意的人物；坐在椅子上，緊守著四個五角星的人，但他們的人生處境為何會如此，可以從聖杯與五角星的元素，以及數字4的意義來講解，能夠更具體的走入我們的人生處境。

韋特在創作塔羅牌時，並不看重小祕牌，認為小祕牌只是為了應用為占卜而存在的牌組，如果探討神祕學，大祕牌才是重要圖像。所以依考據，韋特把小祕牌的創作交給潘蜜拉主導，潘蜜拉也多方應用過去做戲劇布景設計的能力，繪出了故事性豐富的四十張人生畫。在韋特塔羅之前，因小祕牌的解牌比較接近解碼，所以就出現了各種解碼方法，其中最廣為使用的是卡巴拉生命之樹的解釋。雖然韋特在創作大祕圖像時，努力想要擺脫列維對塔羅與卡巴拉的研究影響，但對小祕牌並沒太多干涉，所以潘蜜拉將小祕牌轉換為圖像，還是受到卡巴生命之樹的解釋，所以現在還有很多韋特塔羅的教學書，會引用生命之樹的意義，延伸解釋小祕牌。

因為韋特塔羅的小祕牌已經轉換成人物構圖，所以解讀方法比起過去，更需要應用圖像解析法。圖像解析是分析繪畫作品時所採用的方法，從繪畫創作的特色：顏色、構圖、人物、配置等，進入對圖像意義的解讀。古典時期的西方繪畫，就已經使用象徵手法，透過特定物件與構圖，表現出繪畫中無法用語言說出的內容。到了二十世紀初的象徵主義，把象徵手法推向更為複雜的形上學思考，很多當時代的思想、情感、觀念更突破性地經由繪畫創作表現出來，而潘蜜拉的塔羅圖像，明顯受到象徵主義影響，並展現在小祕牌的創作上，讓韋特塔羅的占卜應用，從密碼解讀轉變為圖像解析法。所以在解讀小祕圖像時，比起回到卡巴拉生命之樹的對照，直接從現有的圖像結構去分析意義，才是活用以圖像為媒介的塔羅占卜特色。在圖像解析過程，再加入每張圖像上的代表元素與數字意涵，就能讓小祕牌的解讀更為生動與深入。

風元素的寶劍特質

風元素是最無法掌握的元素，來去無蹤，快速消失，象徵了話語及思考，思考是在釐清事情的對與錯、是與非，所以寶劍往往也代表對真理的追求。人的思考與話語溝通是在解決問題，所以寶劍的特質是以解決問題的模式應對生活，當我們把眼前的事物視為需要解決的問題時，想要盡快擺脫問題，就會走向效率與快速的方案，對人或對事，都為了快速應對而進行分類與評價，雖然效率高，卻會失去同理與理解。應對人與事都是策略與方法，為了解決問題會出現批判、尖銳的言詞。用問題模式看待生活，未知的未來、不明確的狀態都會成為問題，想太多、過度思考困擾自己，都可能是寶劍元素引發的人生處境。

火元素的權杖特質

火的特性是不易控制與快速蔓延，也是熱能的來源，給人光明與希望，所以火元素的權杖有著向未來發展、快速的行動、積極樂觀的態度，以及喜愛冒險、開創性的行動能量。權杖元素應對生活，通常面對困難不會退縮、只要心動就會行動，不會有詳細的事先規劃，走一步算一步的輕率與樂觀，也是權杖應對生活時的行動特質。火本身沒有固定形象，不斷變化，所以無法處在靜止狀態，表現出過動的特質，毛躁、任性、三分鐘熱度與衝動，也都與權杖有關，樂觀的面向也會引導出自傲的印象。

水元素的聖杯特質

水滋養著生命，也是生命的根源，水不是積極改變外在環境，而是順著情境發展。水元素的意象，也常與人的情感、無意識相連結，讓水元素的聖杯，表現出情感面向的特質，例如人與人的互動與交流、對事物的喜愛、想像力與情緒。聖杯相對寶劍與權杖，行動較為緩慢，比起結果，更注重過程的體驗與感覺，所以聖杯元素應對生活時，比起「對事」，更喜歡「對人」，認為事情的解決還是需要從人著手，聖杯認為的成功，是需要擁有美好的人際關係。聖杯元素重情感，有戀舊、依賴、難割捨、多愁善感、容易受感動與影響等特質。

土元素的五角星特質

土是最為穩固，可以握在手中的元素，也能被我們擁有、不容易變動，所以與人可以掌握與擁有的事物有關，尤其財富在現代社會被視為是安定生活的必須，所以五角星也常被稱作錢幣。擁有是一種安全感，而生活中會給我們安全感的事物不只金錢，名聲、地位、經驗、知識都可成為個人擁有與掌握的事物，只要是以「擁有」的觀點對待的人或物件，都與土元素的特質有關。土元素也是最不會變動的元素，所以五角星的行動緩慢、不易改變，為了不讓事物有所改變，要求細節與準確，所以五角星有傳承、日積月累、細心、守舊的特質。

1 展開新事物的契機

1號數字是開頭，所以有萬物起始、新氣象等的意義。數字1也有獨特、唯一、第一名的勝利等象徵，有著出類拔萃、創新、創舉等意涵。從「魔術師」圖像開展的四種人生處境，都從雲端伸出的一隻手來表達了「無中生有」的機會。四張王牌的元素，也剛好是魔術師工作桌上的四件物品，只要被魔術師拿在手上，就可以成為創造的力量，這種創造力，在王牌圖像裡，透過背景的不同意象表現四張王牌的差異性。四張王牌都可代表祝福、禮物、新機會與新的開始。當王牌出現時，代表開啟新事物的人生處境，只要我們伸手接下這份禮物，就可以為生命帶來美好的開端。

寶劍王牌

寶劍王牌裡的寶劍，兩邊有著黃色光芒，頂著皇冠，象徵崇高與權威，韋特用「話語」形容寶劍，指的是話語與道理，代表寶劍王牌是崇高的真理。背景只有遠處的山巒，高高低低的山峰形成了不同地形，與權杖王牌不同，寶劍圖像中沒有流水與城堡，只有一座座的山峰。這些山峰是寶劍王牌想要征服的地方，寶劍的挑戰與征服，是純粹的征服，只以解決問題為最終成果，至於外在的成就與名聲，並不是寶劍關注的事，唯有需要被解決的問題才是寶劍元素所愛。

寶劍王牌圖像，描述擁有新的見解與視野的靈感，全新的觀點或想法，能夠展現真理（道理）的機會的人生處境。

逆位的寶劍王牌，不再能夠提出讓他人能夠信服的道理，反而會對自己面對的問題感到疑惑與不確定。模稜兩可與無從判斷對或錯的狀況，讓原有的機會變得不能信任，所以就算他人伸出手給予提議，在逆位情境，會變得無法或不想接受這樣的機會或計畫。

權杖王牌

權杖王牌裡的權杖，有著往下落的綠葉，象徵權杖的生命力非常旺盛。背景有著山丘、城堡與河流，山丘與城堡是權杖想要爭服的挑戰與成就，象徵了權杖王牌正要展開的新機

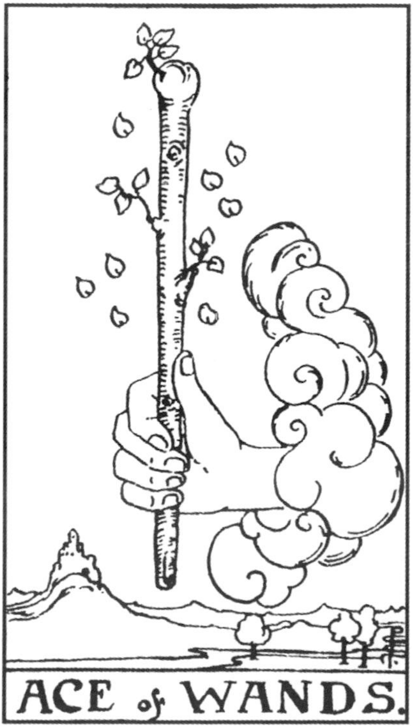

會，不只朝著更多冒險前進，也期待能夠影響他人，所以會朝著城堡的地方發展。權杖王牌的人生處境，會看到想要馬上行動的新計畫，相信這次的機會是不可多得的絕佳時機，只要去做就能成功，並以樂觀積極的未來想像，果敢的做決定。

逆位權杖王牌的人生處境，會在新機會帶來的冒險與挑戰前退縮，不相信自己能夠克服與面對，所以就算有機會，也會認為不適合自己而不理會。同時會抱怨自己運勢不佳，想要改變，卻找不到改變的契機。

聖杯王牌

聖杯王牌裡出現的聖杯像噴泉，水柱不斷流出，上方的白鴿，猶如聖杯王牌的能源，讓水流不斷向下注入。這些水滋養著下方的蓮花，不像

權杖與寶劍雖有綠葉與光芒，卻沒有連結上與下，但杯子裡的水像瀑布，把上下連結起來，展現了聖杯王牌讓事物都能相互連結，產生意義的能力。聖杯王牌所展現的人生處境，過去互相無關的事，開始發生連結與互動，帶來先前沒有的機會與契機。所以聖杯王牌的圖像，象徵和諧的人際關係帶來的新發展，好的靈感或創意，沒有阻礙的溝通。

逆位的聖杯王牌，流動的水柱會停止，上方和下方的水池無法產生連結，水池會乾涸，蓮花也會消失，代表在生活中感受到的一成不變，無趣又無聊。雖然想改變，但無法與他人友善互動，也不知道如何向他人請求。聖杯王牌的逆位處境就像陷入泥淖，找不到脫困的方法，雖然需要有人幫忙，但也無力向他人求援。

五角星王牌

在五角星王牌的圖像中，飽滿的五角星很安穩的放在手上，保有完美的圓形。遠方有拱形的出入口，拱門之外有高山，那是在寶劍王牌中出現過的山峰，但在五角星王牌中，卻被花園擋在門外，象徵比起未來的挑戰與征服，五角星更重視目前生活環境的安穩與舒服，就像圖像中呈現的花園，是五角星保護自己的地方。五角星王牌的圖像，描述了安全、舒服的生活感受，在面對生活中新計畫，也會以務實與可掌控的方案優先，會以保守的態度應對未來抉擇。未知的冒險或挑戰，對想要生活在花園中的五角星來說，代表需要走出花園，所以不會輕易嘗試。

逆位的五角星王牌，不再能為自己築起安樂的花園空間，在一個沒有保護牆的世界裡，五角星感受到的是隨時會有危險的不安。外面的世界處處都是陷阱，所以會更固執與保守的守在自己的位置上，不敢改變。任何新的機會與計畫，對逆位五角星的處境來說，都代表麻煩，所以不會友善對待改變的提議。

2 二擇一的生命處境

數字2在小祕牌的序列中，代表開啟的第二步，正從開頭邁向未來的起步，在起步中，會有各種抉擇的情境需要我們面對。2號數字本身，代表對與錯、好與壞、黑與白、男與女等的二元對立，也是對事物的辨別與判斷。風元素的寶劍，會把事物一分為二，一切需要明確、清楚，但女祭司圖像中的柱子，卻以黑中有白、白中有黑的意象，模糊了寶劍的思考，形成不安的氛圍；火元素的權杖，在女祭司圖像的冷色調中，也失去了燃燒的能量與行動力；水元素的聖杯，則以流動與連結的特質，在女祭司圖像成為結合對立的智慧；最後土元素的五角星，呈現了女祭司面向世界，走入生活、獲取生命經驗的態度。從「女祭司」圖像展開的四個元素的生活情境，用大海與陸地來表現了人物所面對的對立狀況，他們站立的位置、以及人物所面對的方向，呈現了這些人物在面對對立時的心情，以及他們如何應對困境，並做出抉擇。

寶劍2

寶劍2的人物正努力抗拒與無視需要解決的問題，她坐在大海與陸地的邊界，身體退到大海邊，但面向前方，代表這是她需要面對的世界，但她卻遮起雙眼、兩手交叉放在胸前，盡量讓自己與世界隔離。圖像主要以大海與夜色的色調為主，海浪雖然平靜，但在微弱的月光下，散發出不安的氛圍，似乎反應了人物的內心。

寶劍2的圖像，描述了對選擇的抗拒與逃避，面對不確定的未知與未來，無法進行抉擇的生命處境，所

以對問題只能視而不見，或轉移注意力，但內心的不安與焦慮卻無法不理會。

逆位的寶劍人物想要揮出手上的劍，果斷解決眼前的問題，但會發現自己連問題如何發生、為何發生都不太清楚，所以揮出去的劍，會指向錯誤的方向，傷害他人或自己。她也想趕快脫離感到不安的處境，所以用各種瑣事讓自己忙碌，或干涉他人的事情，給他人各種不恰當的建議或意見。

權杖2

權杖2的人物站在城內與城外的界線上，但其實他是站在城牆內向外觀看，所以比起開放的外在世界，他更想要待在受保護的城裡，但在眼前展開的大海，一直

默默提醒著他所在的世界的局限與狹小。他無法放下手上擁有的資源，雖然對目前的情境不甚滿意，但也不想放棄，如果沒有好理由，權杖2的人物不會輕易離開原來的地方。權杖2的圖像，描述了對未來的展望與選擇，因為無法輕易放掉目前擁有的成就與安全感，比較是以保守的態度思考選擇的生命情境。因為外面的大海已經在眼前開展，雖然不願改變，內心裡卻有對外在世界的渴求與想望。

逆位權杖2的人物失去耐心，想要大膽踏出安全的城堡，但行動過於急躁與衝動，當他踏出第一步後，看到手上原有的東西掉落不見而後悔，所以也想再次回到城堡。逆位權杖2的處境，就算面對困境時，想用果敢的行動應對，但因為沒有做好心理準備，所以只會是帶來後悔的一時衝動。

聖杯2

聖杯2的一男一女，象徵對立兩方的合一與結合，他們的身後有山丘，但他們卻站在平地上，與其他圖像裡所呈現的水與陸地的分隔有所不同，在這裡的土地向外延伸，就像男人向女人伸出的手，象徵了連結才是走向未來的唯一選擇。對立的結合所代表的力量與智慧，以上方象徵療癒的赫密斯蛇杖與天使來表現。聖杯2的圖像，描述了願意走向衝突與矛盾，透過相互理解、溝通的方式與對方相處或合作的人生處境，在應對困難時，用善意與人溝通，把對方視為伙伴而不是敵人，互相學習、分享與成長帶來和諧。

逆位聖杯2的人物不再有能力主動走向衝突，用相互溝通、理解的方式合作，而是以身份或階級所擁有的權利，命令或要求對方，關係不再和諧與信任，也不願意主動向對方伸出手合作。逆位聖杯2的處境，因為不信任他人，而無法建立友善的互動關係，也會拒絕在困難時他人給予的幫助，或幫助別人，只相信自己而一個人奮鬥，疏離他人。

五角星2

五角星2的人物背對大海，他遠離了大海，站在陸地上面對著前方，他沒有後退，而是走入世界，正向應對他需要承擔的任務。這些任務正放在他的手中，雖然無法全然掌握，但他很努力學習，並在生活中取得平衡。背景中的大海出現了大浪與在浪上的船，看起來有點危險，但也有一些樂趣，就像圖像中的人物，穿起了表演者的服裝，像雜技表演一樣耍著手上的五角星，觀眾看得心驚膽跳，表演者卻樂在其中。五角星2的圖像，描述承擔與面對生活中多重任務與責任的人生處境，在對立中不退縮，好好經營生活，享受忙碌帶來的充實與樂趣。

逆位五角星2的人物認為自己不再有

能力承擔，想要放下身上過多的擔子，但任務都還在手上的情形下，每件事都會變得不得不做、不想做的抗拒與推遲，原來掌控在手上的事會一一掉落，他也會為了追回掉落的五角星疲於奔命。進入逆位的情境時，應對事情的人，雖無力承擔，卻攬下了所有工作，讓事情變得一團糟，也可能是他人給了過多任務，但應對的人卻沒有拒絕，只以不是我願意的，所以自己不需要負責的心態，隨便應付手上的任務。

3 展望未來

3在小祕牌的序列中，是在前進的路上，雖已經開始，但還在起步點，所以3號的前進，比起實際的成果，有更多對未來的期待與想像，雖然很多事還是不確定與未知，但我們正在期待，才能持續推進。3也是代表豐碩的數字，故事裡也常以三個願望與三個任務來表達「多」的概念，生日時我們也會許三個願望，象徵富足的未來。風元素的寶劍，在「皇后」圖像中，無從應對亂中有序的大自然，自然生長不需人為的切割，讓寶劍失去了能力；火元素的權杖，在支撐「皇后」的紅色椅墊中，獲得生命能量，持續讓自然萬物得到生長的動力；水元素的聖杯，猶如「皇后」圖像中的流水，滋潤了大地與植物；土元素的五角星，成為讓穀物生長的肥沃之地，也為皇后提供休息之處。從「皇后」展開的四種生命處境，都與在朝向未來的期盼中，如何推動自己持續前進的狀態有關，所以圖像中的人物大多站在高處，也代表這些人物想要遠望與盼望自己能夠更上一層樓的心境。

寶劍3

代表快速、有效率的解決問題的風元素寶劍，在3的情境中，一顆心懸在高空，無法著地，也代表對未來有過多的期待與憂慮。很多事情尚未發生，也可能不會發生，但寶劍元素想提早去除所有問題的心態，反而用想法困住了自己。雖然想像著各種出錯的可能，但事件還未發生，所以無能為力，只能擔憂與害怕。寶劍3的圖像，描述了挫折與悲傷，對所發生的事感到無能為力的情境，但很多擔憂也只是對不可知未來

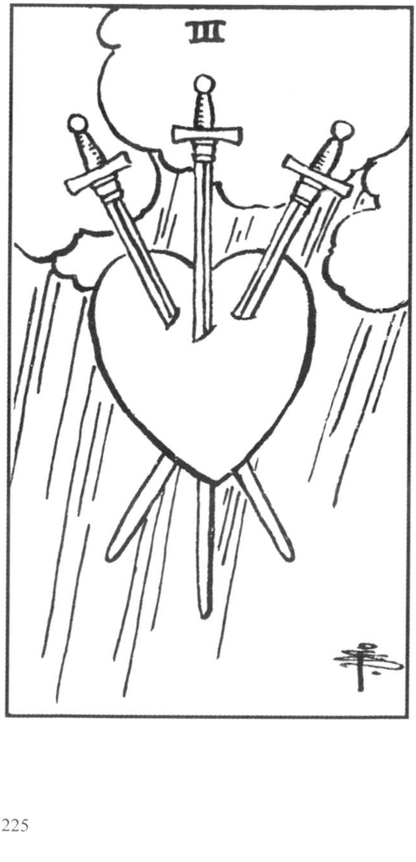

以看向共同的目標，三心合一的精神，猶如站在高處的優勢，可以面對各種挑戰，同時也能與他人分享成就。聖杯3的圖像，描述了分享的快樂，因為合作而能夠到達的更高成就，也期待夢想成真的過程，不忘與他人分享而得到更多的支持與歡樂的情境。

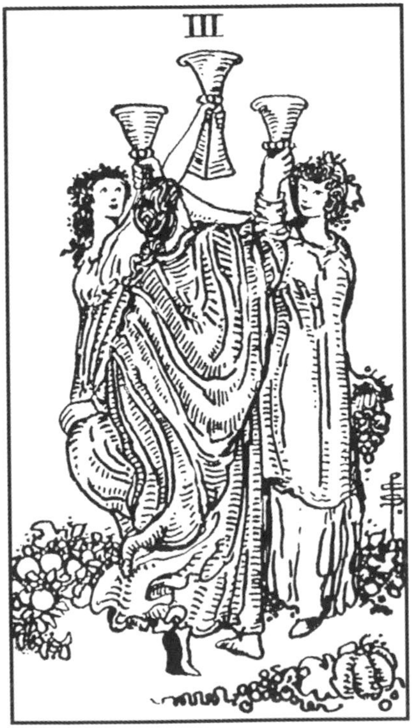

逆位的聖杯3人物，三人的視野各自看向自己的目標，無法達成共識，也不想讓他人獲得利益。他們彼此無法信任對方給予的想法與意見，最後只能獨自面對困難與挑戰。沒有了他人的協助，聖杯3的人物失去了應對問題的能力，也會把自己的困境與失敗，怪罪在對方身上，認為是對方破壞了自己的計畫。在逆位情境的團隊工作中，人物會認為自己的貢獻最多，如果他人也獲得認同，會認為這是不公平的結果，也會對他人的成就嫉妒。

五角星3

土元素的五角星3，用實際行動一步步構築自己的夢想，圖像中站在高處的人物，雖然是社會地位不高的匠師，但站得比其他人更高，代表他的專業受到肯定與重視。另外兩個人物需要這位工匠的技術修復教堂，所以在低處仰望工匠。三個五角星嵌在教堂的石牆上，象徵工匠精湛的工藝技術。五角星3的圖像，描述了專業技術、工藝、設計方面的學習與成長、以及專業被重視的生命情境，人物所學習的每種事物，都會成為

讓事業更上一層樓的支撐，以及到更好機會的條件。

逆位五角星3的人物，不再有耐心在學習路上慢慢累積經驗，認為自己的努力是浪費時間，或白費力氣，所以放棄了取得專業證照、技術認可的學習。或者也認為自己的能力已經足夠，不必再學習，但人物所能達到的專業水準不足，不被他人接受，但人物會認為是他人不重視自己的專業而氣餒。逆位五角星3的情境，不再認為基礎學習很重要，反而更相信一個人的才華、資質與天賦，認為勤奮是沒有天賦的人才會有的行為。

4 打下基礎

4在向著目標前進的過程，已有了初步的成果與基礎，原來只是夢想的未來，在4的歷程，終於有了夢想可能成真的真實感。4在文化裡也有秩序、規矩與穩固基礎的意涵，例如東西南北四方是宇宙的空間秩序，西方的煉金術有地火水風四大元素等，正方型是最穩固的幾何圖型，大部分的建築也以四方型為基礎，對應大祕牌的「皇帝」，有著穩定、框架、建構、秩序等的意義。「皇帝」的圖像以亙古不變的石頭為背景，風元素吹到皇帝，不會造成任何動搖，讓要求速度與改變的寶劍只能停滯在原地；火元素的權杖，在猶如火光的橘色背景中，找到了燃燒的動力，推動權杖的積極行動；水元素的聖杯，在皇帝圖像找不到流動的動力，雖然下方有河流，但水流被截斷，只能滯留在原地；土元素的五角星，在皇帝圖像中更能穩固的不動如山，卻讓五角星失去了企圖心。從「皇帝」圖像展開的四種生命情境，圖像主要以平地與人生階段（婚姻與死亡），展現了人想要讓一切進入穩定狀態，感到安全、安心的生命處境。

寶劍4

寶劍圖像以棺木上的雕像代替人物，這裡的人是已經進入死亡、安息的生命，背景雖以灰色表現出停滯的生命狀態，但棺木卻以充滿活力的黃色來表現，似乎在傳達生命雖然進入安息，但精神卻獲得活力。有三把劍掛在灰色的石牆上，成為裝飾，但還有一把劍在黃色的棺木上，傳達與精神同在的意義。圖像中沒有醒著的人，所以風元素在

這裡也得以止息，反而讓不得歇息的想法，終於可以放空。進入到寶劍4的生命處境，我們就可以修養、休息、離開複雜的狀況，回到簡單生活的平靜與安詳，無論外界發生什麼事，都會覺得與我無關。

逆位的寶劍4，在棺木上安息的人，放不下而不斷干涉、參與外在事物，身心已經很疲備，但又覺得自己要是不做點什麼，過去的努力就有可能白費或放水流，不論日夜，都為還未完成的事操心與煩憂。也有可能認為自己的心已死，在生活中找不到任何動力，麻木的應對生活。

權杖4

圖像裡穿著藍紅袍子的男女，正舉起拿著花束的雙手，前方有用四根權杖立起的通道，上方也以花

做為裝飾，後面還有城堡與跳舞的人群。圖像裡充滿了慶祝的氛圍，兩個人站在前景的通道與後景的城堡中間，城堡給予他們安全的後方保護與支援，前景為他們打開了朝向未來的入口，這是一對受到祝福的新人，他們因為婚姻而結合，兩人一起走向共同的未來。權杖4的圖像，描述了邁入新計畫、新發展的欣喜與歡樂的人生處境，火元素的樂觀，不僅成為自己的動力，也為他人開啟共同努力的希望與目標，形成愉悅的合作團隊。

逆位權杖4的人物，不再擁有像城堡般堅實的後盾，在前進的路上失去了安全感；也沒有可一起打拼的伙伴，感覺身邊的人都與自己不同道，所以也停滯不前，無法向未來開展計畫。在逆位權杖4的處境中，會做出離開伙伴、家人、朋友等的決定，認為是他人阻礙了自己的道路，以為離開是為了讓自己有所前進，但離開後也是遲疑不前，也會後悔倉促行動帶來的結果。

聖杯4

聖杯裡的人物是唯一沒有在平地上的人，他坐在小山坡上，雖然靠著樹，但位置不夠安穩。他從高處往下看，沒有一個杯子讓他滿意，有一隻手伸出一個杯子，

但他也視而不見，認為在他身邊不可能有讓他滿意的杯子。坐在樹前的是眼高手低的年輕人，只想擁有最好的機會，但又怨嘆自己的運氣不好，不可能有好機會降臨，所以他只能看到自己的不足，在抱怨中過生活。正位聖杯4的圖像，描述的是對現況不滿意，卻又害怕做出改變的人生情境，所以雖有抱怨，但也只是在等待好機會來臨的被動態度。

逆位聖杯4的人物，不再坐在不安穩的山坡上，他走下山坡，卻也因為不知道自己能夠走去哪裡而感到茫然。逆位的聖杯4會試著找到前進的路，但不知道自己可以做什麼、適合做什麼、能夠做什麼，常常想了很多方法，但也都停留在想法，並沒有做出實際行動。原來的人物是因為不喜歡而不想要這些杯子，在逆位的情境中，人物不知道哪一個杯子是自己的而做不了決定。

五角星4

五角星4裡的人物，坐在方形的石頭椅上，他所在的位置，是條非常平穩的道路，後景的城鎮，只到他座椅的高度，所以只有坐在椅子上，原地不動，才能他感到安心與穩固。他堅定的抓著四個五角星看向前方，也像是一種宣示，告訴他人，這些都是他所擁有之物，在他的保管下，絕對不會有任何閃失。他就像保險庫，只為保護屬於自己的

東西而存在。五角星4的圖像，描述了把身邊的人事物視為自有財產的人，任何的改變或不如他的意，都有可能成為威脅他的行為，他會努力保護自己的生活方式，不輕易改變或讓步。

逆位五角星4的人物，失去了原有的石頭座椅，不再能保護好四個五角星而感到不安，他認為自己已經失去一切，成為沒有價值的人。他也可能被迫離開原來感到安心的地方，生活從有序進入失序狀態，雖然表面上告訴自己離開是為了改變，但內心卻因為要改變而無所適從。

5 融入群體生活

5號在小祕牌的序列剛好在中間，這是一個在過程中的數字，事情已經進行到一半，不太能直接放棄。在4的數字奠下制度與秩序後，為了執行制度，就算遇到各種例外與特殊狀況，也只能堅定信念，持續前進。人有五種感官、人手有五根手指、人體有五個端點，數字5和人有著密切關係，也代表「多」與「一」的相處會遇到的各種狀況，相異的事物在自己的位置上，各司其職的運行。階層管理井然有序，個人需求為次要，以群體的利益為優先。「教皇」圖像離開了自然環境，呈現了人為的建築空間，在這裡，自然元素失去了它的力量，只有火元素的權杖，從教皇充滿教育熱忱的紅袍與紅毯中獲得能量，成為激勵他人的火花。從「教皇」圖像展現的四種生活情境，都呈現了人在社會化的過程，個人面對群體時的衝突處境。在圖像中，人物普遍站在崎嶇不平的路面上，表現了5號處境需要面對的困難。

寶劍5

寶劍寶劍5以大海與陸地象徵了兩種心境，站在最前、遠離水面的是勝利者，他擁有所有的寶劍，越靠近後方大海的人物表現出失敗者的姿態，心情如海水起伏。寶劍5的人物，失敗者背向勝者緩步離開，雖然得到勝利，但也會成為孤立的一個人。在寶劍5的處境，無法容納對立的意見與想法，只能分出輸贏，贏者成為正義的一方，代表一切。這是打敗他人自己才能生存的人生處境，不論輸贏，這場戰役會讓雙方都經驗到自責與指責。以寶劍作為武器的衝突，對他人或對自己都會造成傷害。

逆位寶劍5的人物，想要離開互相傷害、只能分出輸贏的惡劣環境，卻走不出

來，雖然很不情願，但累積的情緒只能以傷害他人的方式回應對方，相互詆毀與指責。寶劍5逆位時，不願意承認自己在傷害他人，認為一切都是被他人所迫，自己只是做出相應的回應，所以會認為自己的言行有理，對方才是無理者。

權杖5

權杖5中的人物，雖然站在不平穩的地面上，但他們在晴朗的日子裡，進行一場競賽，比起寶劍5中大小不同的人物，權杖5裡的人物大小一致，象徵他們相互平等，在公平的規則下競爭。他們各自展示自己的權杖，互相較勁，比賽成為激勵活動。權杖5的圖像

描述了競爭、爭辯、遊戲、熱烈的討論或互動等的生命處境，雖也會有爭執，但也是帶來互動與溝通的火花，原有的障礙可以化解，事情持續前進。

逆位權杖5的人物，不喜歡參與競爭，認為競爭只會帶來彼此的嫉妒與敵意，人物會盡量避開爭執與衝突的狀況，害怕他人與自己意見不同，不再能直率的提出問題，所以障礙無法得到解決。原有的事情與計畫在困境前止步，原來推展的計畫，因為沒有討論或溝通，參與者失去了動力，窒礙難行。也可能為了證明自己，會用過激的言語，引起他人注意，但會避開公開場合的公平競爭。

聖杯5

聖杯5的人物面對著阻隔兩地的河流，對岸有著城堡，是群體所在地，而圖像裡的人，卻站在另一方，低頭看著眼前倒下來的杯子感到哀傷，這些杯子是他無法挽回的事物，也是他無法過去的另一側河岸。背後雖然還有兩個立著的杯子，但他更在乎失去的事物，無法從手邊擁有的物件得到安慰。聖杯5的情境，描述人物離開了群體，感受到群體無法理解或接納他，他在人際關係中感到失望與挫敗，選擇離群索居，遠離他人的傷害。但選擇獨處，並沒有讓他自在，反而在寂寞中無法忘記過去的傷痛，被遺棄的感受讓他痛苦。

逆位聖杯5的人物，害怕成為落單的人，所以不想承認自己與群體之間的隔閡，努力配合他人的要求，想要成為團體的一份子。但他的努力更突顯了內在衝突，壓抑著自己的想法與感受，在群體裡也無法快樂。逆位聖杯5的情境也會努力讓自己走出孤立狀態，但對過去還沒有全然釋懷，所以對改變有所質疑，容易退縮。

五角星5

五角星5的人物走在崎嶇的雪地上，他們不只前途茫茫，身體狀況與物資也不充沛，前行諸多障礙。上方有著散發光芒的五角星窗戶，兩人卻視而不見，女人只低著頭、男人歪頭看向別處。這是漫漫長夜，不停下著雪的天氣，也不會有人出門在外，他們已經放棄會有人來幫忙的希望，只能依靠自己的體力，能夠堅持多久就算多久。上方的玻璃花窗可以象徵精神，下方貧困的兩人則是忙於生活的人群，土元素的五角星，專注於安身立命，卻忘記照顧精神生活，他們不再向上看，只看向無止盡的前方，造成生活貧困、疲憊的原因。五角星5的圖像描述了沒有止盡的困境，應對的人在長期的習慣中，看不到離開或解決的方法，只能不斷的重複原有行為，並期待有一天會有機會脫離。

逆位五角星5的人物，把困苦的原因指向身邊的人，認為

是他人的不幫忙與敵意，才會造成自己的不幸。但也有可能不再有前進的力氣，只能坐在原地等待他人來救援。停止前進，反而帶來了喘息的機會，也會注意到教堂就在身旁，只要走進教堂或喊一聲，就會有人來幫忙。逆位五角星5的情境，不論是持續前進或決定放棄，都認為自己是弱者，理所當然需要得到幫助。

6 友善的人際互動

6號在小祕數列中，度過了5號融入群體的挑戰，開始能夠與他人建立友善的互惠關係，不只可以接受他人的幫助，也能給予關懷。數字6是3的倍數，富足加倍，生活進入行有餘力的階段，不只為安身立命而忙碌，也能享受精神生活。「戀人」圖像展現了伊甸園的空間，大自然的四大元素在這裡都能和諧運作。在亞當與夏娃還沒吃下禁果之前，還沒有清楚的是非善惡之分，所以風元素的寶劍，吹過樂園，並沒有帶來太大的改變；火元素的權杖，在樂園裡是「生命之樹」的火苗，是生命的能量；水元素的聖杯，滋養著樂園裡的植物，讓萬物生長；土元素的五角星，支撐了樂園的大地，無私地供給萬物所需。從「戀人」圖像發展的四種生命情境，展現了能夠為群體付出與承擔，也能看到生命美好的人生處境，圖像裡的人物構圖，雖然都以不同的高低位階呈現了不對等的關係，但這樣的不對等，卻因為關懷與付出而能夠讓群體和諧與美好。

寶劍6

寶劍6的人物站在船上，正努力划動船槳，船上有兩位乘客，猶如母子的兩個人默默地坐在船上，還有六把劍，直挺挺的插在船上，這艘船承載了很多重量，努力從不平穩的水域，划向風平浪靜的水面。這是一個需要度過的關卡，沒有快速的解決之道，只能慢慢跟著水流划行到對岸，在遠方除了有平靜的水流，也有山與樹，但沒有看到城鎮，所以也是遠離人群的一次遠行。雖然船頭被劍圍住，但船還是因為船夫的努力

緩慢向前行，大家在沉默中等待。寶劍6的圖像，描述了帶著憂慮緩慢離開的人生處境，生活正處在紛憂時刻，也承擔了他人的憂心。雖然想脫離困境，但只能花時間慢慢等待紛擾平息，或者先暫時離開憂心的環境。

逆位寶劍6的人物，放棄划船，不再認為帶領大家脫離困境是自己的責任，怪罪他人沒有承擔與負責。在逆位寶劍6的處境，船翻了，寶劍紛亂的掉入水裡，也代表事件亂成一團，每個人都在急著為自己找理由，認為自己沒有錯，卻沒有人想要解決問題。也會認為唯有離開群體才能遠離紛爭，所以決定自行離開，逃離讓人不開心的人事物。

權杖6

圖像裡的人物，身體直挺挺的騎在馬上，他高舉手上的權杖，上面掛著代表勝利的月桂冠，頭上也戴著勝利冠冕，白色的馬緩慢前行。在圖像後方，有一群人手上拿著權杖，他們猶如在權杖5中相互較勁的一群人，當勝利者出現，高舉權杖，為勝利者歡呼。這是為贏家準備的遊行，讓勝利者在群眾面前獲得掌聲。權杖6的圖像，描述了被他人讚美與認同的人生處境，對自己的成就感到信心與驕傲，雖然只是一次微小的成就，但因為他人的讚美，願意為更大的挑戰前進，不退縮。

逆位的權杖人物，期待自己能夠騎在馬上，但不論如何努力，還是只能成為在旁邊鼓掌的群眾。人物認為自己的能力不被欣賞，所以感到被拒絕與忽視。逆位時，圖像裡的人物也有可能為了得到他人的讚美，而不斷吹噓或誇大自己，反而讓他人感到反感，也會搶走他人的功勞，或者貶低、嫉妒他人。

聖杯6

聖杯6裡的人物，有兩個小孩在城堡內遊玩，遠處還有巡邏的警衛，這是安全的環境，大男孩正把花盆遞給小女孩，小女孩從頭到腳都用衣服包著，手上還戴上白手套，代表受到很好的照顧與保護，兩小無猜的情境，表達了小孩世界的純真、快樂與無憂。小孩子的禮物並不是利益交換，而是一種友善的分享，雖然禮物本身沒有太高的價值，但這是純粹的心意，不需承擔回禮的壓力。聖杯6的圖像，描述了受保護與照顧的人生處境，生活感到穩定與安全，身邊的人都很友善，能夠給予善意的幫助，也可能與舊識相逢，重溫過去生活。

逆位聖杯6的人物，不再受到環境保護，獨自一人離開到城外，感到陌生與不安，身邊沒有熟悉或友善的人協助。或者不再相信人與人之間的善意，認為每件事的背後都有代價，不

輕易接受他人的幫忙，會以利益計算人際關係，不太留戀過去情感。

五角星6

五角星6的圖像，類似大祕牌的「戀人」構圖，原來在上方給予祝福的天使，在五角星6中以富裕的商人形象替代，他伸出手，把金錢拿給乞討的人，另一隻手拿著天秤，似乎在衡量給出去的物資。給予的人站立，接受物質幫助的人跪在地上，這種構圖，突顯了社會階級上的差異，強與弱、富與貧，在理想世界中，這種階級差異會消失，但這是不切實際的想像。真實生活不可能離開不對等的關係，但因為對他人的

關懷與友善，才能應對不平等帶來的苦難。五角星6的圖像，描述富裕、慷慨、樂於分享物質或經驗的人生處境，在人與人之間的差異與不平等中，能夠把自己的所有分享給他人，也是一種對他人的友善表現。

逆位五角星6的人物，不再認為自己需要為他人付出或給予，也可能認為自己付出過多，卻沒有得到相應的回報，所以覺得吃虧。也會認為自己擁有的不夠，沒有餘裕給予。逆位五角星6的處境可能會強調接受他人幫助是可恥與受辱的事情，所以對他人提供的好意有敵意，會覺得身邊的人不懷好心，想要欺騙自己的財產，獲取不當的利益。

7 除了堅持還是堅持

數字7在小祕牌的序列中，進入走向成果與目標的階段，在這個階段只會看向目標努力奮鬥，每一步都能感受到最終目標越來越近的快樂。在西方，7被視為是幸運數字，也與生活中計算日期的方式有關，一週七日在《聖經》裡是上帝創造世界的週期，而第七天是休息日，萬物在休息中獲得滋養，並為之後的成長蓄勢待發。從「戰車」圖像開展的四種生活，展現了想要朝著目標奮鬥與前進的人生處境，在圖像中的人物，都會看向他們想要達到與完成的目標。風元素的寶劍，對錯、是非的對立，在「戰車」圖像得到很好的控制（黑白斯芬克斯），成為讓戰車前進的動力；火元素的權杖，燃起了讓戰車衝向前的戰火；水元素的聖杯成為戰車前進的障礙（河流）；土元素的五角星，是一條平坦的道路，雖可以為戰車提供休息的地方，卻不是可以讓戰車獲得勝利的戰區。

寶劍7

寶劍7的人物，手上拿著五把劍正奔向前方，但他的頭向後看，似乎在確認是否有人追來，後方是崎嶇的山區，有營區與兩把劍，他手上的劍可能來自於營區。這是一個偷竊的人，卻沒有拿走全部的劍，只偷走他能夠承擔，又不會馬上引起大問題的程度。他機靈的看向後方，走在平坦的路上，象徵他能順利拿走這些劍，暫時解決問題。寶劍7的圖像，描述以投機取巧、走捷徑、小動作、小小謊言來應對困難問題的人生處境，人物不想引起更大的衝突，只想息事寧人，大事化小、小事化無的心態，努力尋找簡單的解決方法。

逆位寶劍7的人物，可能會以鴕鳥心

態逃避或不承認眼前的問題，他會對問題視而不見，或者認為不需要嚴肅對待。但他也有可能找不到避開的方法而困窘，無力面對與解決眼前的狀況，但又無法置身事外，只能尷尬的保持沉默，或者不做回應。

權杖7

權杖7的人物，站在懸崖邊，雖然路面不平，但他正努力揮舞著手上的杖，前方已有六根杖立在面前，而他正準備完成第七根杖的工作。他專注在工作上，穿著兩隻不同的鞋子，突顯了他對工作之外的事物無感或不關心。

權杖七的圖像，描述了不輕易放棄的努力

與行動，積極追求成果、勇於面對挑戰的人生情境。在這種情境中，我們會廢寢忘食，除了要完成的事，會遺忘、忽略其他事物，沒有餘力關懷他人或照顧生活，所以也有可能與他人有點隔絕。

逆位權杖7的人物會失去目標，不知道自己要做什麼，雖然也有要努力的想法，卻還在找想投入的事情，或者害怕自己在懸崖上會發生危險，會害怕失敗而退縮，無法完成被指定的工作。人物也會覺得很多事情就算努力也是白費力氣，乾脆早早放棄，不願嘗試。

聖杯7

聖杯7的人物正看著雲端上出現的七個杯子，杯子上有著各式各樣吸引人的物件，中間的個杯子有遮布，卻散發誘人的紅色光芒。在圖像裡的人物只有黑色的背影，代表人物正被空中的七樣物件占據了所有心思，尤其被遮蔽的那只杯子，因為好奇與期待，人物會一直等待布被掀起的那一刻。聖杯7的圖像，描述了想要得到或追求的事物很多，但不確定自己想要什麼，所以是在等待自己渴望的事物出現的人生處境，但他的等待也是不切實際的白日夢。當他人詢問為何不行動時，人物會說服自己，不是不行動，而是尚未等到最佳時機。

逆位聖杯7的人物，找不到自己喜歡的事情，每件事都有他不喜歡的地方，所以什麼他都拒絕，或抱怨。當他人問他要什麼的時候，人物也回答不出自己想要的事物，只能以「不要什麼」的方式回應。沒有可用的杯子，讓他感到空虛，也會不斷羨慕別人有的杯子，並且感嘆自己沒有。逆位聖杯7的人物不承認，他想擁有的生活或事物不切實際，活在自己建構的幻想中。

五角星7

五角星7的人物站在農作物前，腳下有收割的五角星，但他不滿意，眼神看向旁邊長滿五角星的樹，明顯與他腳下的成果形成對比。或許在這些成果中，屬於他自己的只有腳下的五角星，其他的都屬於別人，看到自己擁有的物資如此稀少，感到沒有得到勞動應有的回報。五角星7的圖像，描述了過去的努力得到結果，但對成果不滿意的人生處境，但這種不滿意，也可能是自己沒有為更好的成果做出改變，就像做一份不怎麼喜歡但收入穩定的工作，為了穩定放棄夢想，成為讓圖像裡的人物不快樂的原因。

逆位的五角星7，不再只是默默接受不滿意的成果，他

想要擁有更多而向外爭取，他認為目前的狀況不公平，需要改變，並且認為要替自己爭取合理與應得的要求。他也有可能因為失望而放棄，默默離開不滿意的處境，後悔自己過去的付出，因為沒有獲得應有的回報而受傷。

8 更上一層樓

數字8是抵達目標前，還需臨門一腳的努力階段，目標就在眼前，但完成計畫前的各種問題，還是會不斷發生，這時候更需要堅持與耐力才能走到終點站。在幾何形上，八角型是兩個四角型的變形，為原有的四方基礎帶來更多的變化，但也帶來相應的困難與問題。數字8帶來穩定中的改變，有著向著豐富成果的耐力與堅持的意義。也是7號數字之後，另一個七天週期數列的開始，周而復始的週期，更需要耐心，才能從一成不變中找出溫故知新的智慧。從「力量」圖像開展的四種生活情境，大多以動態的人物展現前進與堅持的行動。風元素的寶劍，在力量圖像的少女與獅子並不想分出彼此的情境中，失去了寶劍的能力；火元素的權杖，在獅子身上的紅色獲得能量，這是野性的本能、也是欲望，也成為生命前進的原動力；水元素的聖杯，推動著少女與獅子的情感交流，流動的水讓兩者的關係持續互動；土元素的五角星，在力量圖像裡成為少女與獅子長時間共處的穩定環境。

寶劍8

寶劍8的人物，用寶劍圍起了結界，遮住雙眼，綁住雙臂與身體，女人被困住而無法行動。在結界之外是一座城堡，那是她不敢靠近而轉身迴避、遮起眼不願看的害怕之地。她站立的路面並不平坦，還有水窪，遮住眼睛走路很危險，但她似乎自願選擇這樣的情境，寧願走在不平的路上，可能跌倒或失足，也不願轉頭看向後方的城堡。城堡可象徵為每個人想要逃避、無法面對的問題，猶如大象在眼前，但圖中的女人認

為自己沒有能力、也無能為力應對，只好像駝鳥一樣埋頭不看。寶劍8的圖像，描述了自我設限、無能為力、只能以逃避與視而不見的方式應對問題的處境，情況進退兩難。前路埋伏著各種未知的危險，後路是自己害怕而避開的困境，但圖像也表達出這種情境，是人物太過退縮與保護自己而產生的結果。

逆位寶劍8的人物，不能再用寶劍保護自己，女人與城堡之間沒有任何隔絕，代表原來可以視而不見的問題，已經無法不理會，或變得日益嚴重。逆位時的情境，人物被迫承認某些事實，但事實本身很傷人、不易承擔與接納，所以承認事實的結果，可能讓情境中的人物情緒失控、怪罪他人，並以傷害他人的方式應對。

權杖8

權杖8的圖像裡沒有人物，只有八根權杖，快速的向下著陸，著陸也代表到達目標，八根權杖的背景是沒有雲的晴空，也代表旅途非常順暢，遠處還有高山與流水。高山是權杖所喜愛的挑戰與冒險，讓旅途充滿樂趣，流水滋養著權杖的綠葉，讓權杖充滿動力與能量，在長時間的旅途中也能保有足夠的體力。權杖8的圖像，描述了積極的行動、樂觀的朝著未來邁進、一路順風的人生情境。八根權杖與8

號數字代表等待與籌備很久的多個計畫，而且沒有人物在圖像中，象徵只要等待事情就能完成，已經不需要去干預什麼，一切都在軌道上。

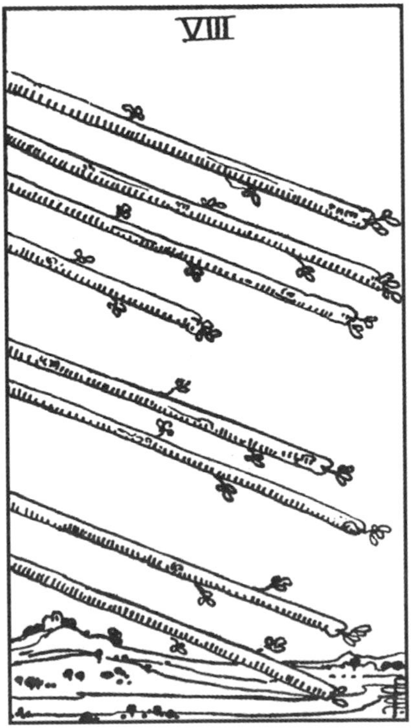

逆位的權杖8，代表原有計畫因為一些狀況，走向了沒有預期的結果、停滯或中途結束。朝著目的地著陸的權杖，都因為某些原因而無法如期到達，或者也代表太久沒有關心或參與計畫，事情被擱置，現在遇到的停滯或困境，也可能是處理問題的人，對事件不聞不問所造成的結果。

聖杯8

聖杯8的人物正努力往高處前進，圖像前景放有八個杯子，但杯子的擺放方式，出現了一個缺口，穿著紅色衣服的人物，似乎轉身決定去尋找。前進的路有高山阻擋，圖像裡的黑夜情境，象徵了人物所要前進的路途並不明朗，但他柱著枴杖一步步登高，也代表不想放棄的決心。聖杯8的圖像，描述了在自己努力的領域想要更上一層樓的心境，離開現狀尋找更美好的未來，從安定的狀況追求改變等生命處境，猶如圖像裡的缺口，目前的狀況並不是最好的結果，總會感受到可以再努力，所以不想在現階段停下，但至於這條路會通到哪裡？或如何去尋找？並沒有明確的方向，需要慢慢摸索與探尋。

逆位聖杯8的人物雖看著缺口，卻處在無法轉身離開的處境，可能是他人的阻攔，也可能是未知讓人物害怕，所以現況雖有所不足，但決定

停留在原地，不輕易改變。聖杯裡的人物，原本會追逐自己所愛，但逆位時有太多現實考量，只好放棄，或者說服自己安定的生活也沒什麼不好，讓自己不再為夢想努力或改變。

五角星8

五角星8的人物坐在椅子上，非常勤奮的敲打五角星，背景裡的城鎮離人物很遙遠，代表要達到滿意的結果，還需要一段時間的努力，所以圖像裡的人物心無旁鶩、專心工作，雖然工作本身沒有新意，但從五角星的累積中享受成就感。五角星8的圖像，描述了建

立穩定基礎、腳踏實地的工作，一復一日的日常與生活，雖然生活沒有新鮮事，但每日的努力與累積，可以給人安定的生活，就像看著積蓄逐步累積，會給人踏實的幸福。未來的夢想雖然遙遠，但不是遙不可及，並且在每日的累積中，看到夢想越來越近的希望。

逆位的五角星8停下了手上的工作，無法再讓自己安逸的坐在椅子上，雖然努力工作很久，但逆位時的情境，總覺得一切的努力都像原地踏步，不論如何前進，夢想還是離人物非常遙遠，所以決定放棄或離開。在逆位情境裡的人物，可能會變得好高騖遠，認為成果需要機會與運氣，不再認真與踏實的精進與努力，只想要找到或碰到好運，也沒有耐心磨練，一直轉移注意力嘗試各種新鮮事。

9 接近尾聲

9號是個位數的最高數，但在小祕牌的序列中，9號還未到達結果，卻是到達結果前的最後一步，結局已經確定，任何行動不會對結果產生改變。隱士是停止在原地，不再前進的圖像，所以與前進、行動有關的元素，相對會呈現停滯而帶來的困境。風元素的寶劍，在轉向內在世界的「隱士」圖像，面對比外面更難化解的對立與矛盾；火元素的權杖，在「隱士」圖像找不到任何推動它前進的能量，火的能量被寒冷的夜晚掩埋；水元素的聖杯，以凝固的冰山形態，呈現了隱士的堅毅；土元素的五角星，從隱士手上黃色的燈與杖，成為隱士與世俗世界相連的橋梁與基礎。從「隱士」展開的四種人生處境，以人物在前、元素在後的方式，表現了人物面對成果的心境。

寶劍9

寶劍9的人物，夜裡獨自坐在床上，用雙手遮住臉，好像被某件事、或某個夢困擾。他的後方漆黑一片，有九把劍依序排列在背景，與人物形成交錯，形成劍穿過了人物的上半身的視覺。這是還未天亮的漫漫長夜，無論人物是被什麼樣的事情驚擾，他已無法入睡，在長夜中不得休息。寶劍9的圖像，描述了因為憂慮、掛念而不得安眠與休息的人生情境，但很多掛念卻不會因為苦思而獲得解決，所以寶劍9也可能代表過度憂慮，對未來還沒發生的事感到害怕與不安。9號數字也提醒了寶劍9

寶劍9的處境是長期累積的苦惱，可能是人物無從解決的狀況，或者是與過去

有關的傷痛經驗。

逆位的寶劍9人物，在無法入眠的黑夜，不再只是坐在床上痛苦，他想要走出這種處境，不要再被這些煩惱干擾，會嘗試很多方法轉移焦慮的狀態。或者不承認自己正處在身心焦慮的狀態，用逃避獨處的方式，欺騙自己一切都很好。逆位的處境也有可能努力想從苦惱中走出來，但任何方法都只是在逃避問題，或轉移注意力，並沒有從根本去解決與處理。

權杖9

權杖9的人物，站在權杖豎立組成的柵欄前，他的身體椅靠在權杖上，眼神斜角看著前方，顯露出不安的表情。柵欄後方隔絕的是山坡，象徵人物需要應對的挑戰，但無法處理時，只能先遠離的情境。在圖像中出現的每根權杖都比人物高，明顯給人壓迫感，不像權杖7裡的構圖，權杖在人物之下，有一種可以駕馭與掌控的關係。人物的身體向著前方，但眼神向旁，代表人物正在環視他的四周，正在巡視與思考，現在的狀態是否適合持續前進，還是要先暫停。權杖9的圖像，描述了一段辛苦的努力或奮鬥後的短暫休息、可喘息的空檔、評估未來如何再繼續前進的人生處境。人物明顯帶著疲態，現在的休息，也是人物正需要的喘息機會，但事情還未結束，所以只是暫時的緩解。

逆位的權杖9人物，失去了權杖的屏障，山坡成為他需要跨過的困難，他身心俱疲，卻得不到休息，只能持續向前。也因為無法停下來環顧四周，在逆位權杖9的情境中，人物會以為沒有其他出路，只能疲於應付眼前的問題，過一天算一天。人物在逆位時，也有可能更想鞏固屏障，所以會以隔絕與保護自己的方式應付問題，卻不願解決。

聖杯9

聖杯9的人物坐在杯子前面，九個杯子猶如展示品放置在台上，坐在前方的人物散發著一股自信與驕傲的氛圍，對後方的九個杯子非常滿意。他坐在沒有椅背的長椅上，這不是一個固定的位置，代表圖像中的展示台與杯子才是人物要強調的重點，人物的位置是因為展示台而存在，所以杯子象徵著他認為人生中最有價值的事物。後方的展示台以半弧形圍繞在人物後方，形成人物被保護與擁抱的意象，象徵這些杯子是讓生命活下去的重要屏障。聖杯9的圖像，描述了為自己的成就感到驕傲、自信與滿意的人生處境，後方的九個聖杯是可以展現自己輝煌過去的象徵物，有這些記憶的存在，

就會像擁有無價的財富，美滿又幸福。

逆位的聖杯9人物，沒有可以向他人展示的杯子，對自己的成就、經驗、表現都不滿意，他看向展示台，上面是空盪盪的，看了只會令人感到失望。他沒有舞台可以表現自己，也不喜歡說自己的事情，所以在人際互動上，較為沉默與冷淡，會認為自己的生活沒有意義，情感麻木，無法在生活中感受快樂。

五角星9

五角星9的人物，也以展示性的姿態站在花園前，後方是長滿五角星的藤蔓圍牆，圍牆沒有阻隔外在風景，所以還能看到遠方的山、城堡、樹木。站在前方的女人，服裝華麗，雖

然站在自己的花圍內，但她還是適度的向外界開放，代表她並不會過度保護自己，也喜歡讓他人看到自己的成就。她的一隻手摸著五角星，另一隻手上戴上黃色的皮手套，讓猛禽停在手上，這兩樣東西都是需要時間培養的成果，象徵人物很有耐力與自律性，自我要求也很高，能夠完成計畫。五角星9的圖像，描述了長期的自我要求與努力而達到的成就，而且他人也讚美與羨慕這些成就，象徵在社會上有著被看重的地位，自己也因為能夠達到目標而自信與驕傲。

逆位的五角星9人物，在自己的花園無法再感到安全，所以想要增加圍牆的高度，與外界盡量保持距離。她對花園結的果實或對猛禽的培養不甚滿意，感覺自己花了很多心思，卻達不到想要的結果，或者常常忘記照顧花園，卻期待成果豐碩。逆位五角星9的情境，失去了原有的耐心與自律，很容易半途放棄而感嘆事情太難無法達成。

10 是結束還是未完待續

在小祕牌的數列中，10號是最後一個數字，代表完成與結束。數字10也代表極限，例如十全十美。從「命運之輪」開展的四種人生處境，人物大多以背影呈現，讓圖像背景向前展開，展現人物所應對的極限情境。風元素的寶劍，與命運之輪圖像裡的寶劍碰撞，讓風元素的思辨超出了人物可承擔的極限；火元素的權杖，從紅色的阿努比斯，獲得重生的能量，在極限情境中，火勢並沒有停止，持續往前延燒；水元素的聖杯，與命運之輪一起依自然法則順勢流動；土元素的五角星，從四位天使中，獲得豐富世俗生活的資源。在代表結束的數列中，能否畫下句點而停止，還是持續往前推進，成為四種元素需面對的人生處境。

寶劍10

寶劍10的人物，背上插了十把劍，死在岸邊，遠處太陽剛剛升起，天空漸亮，陽光平靜的照射在大海與山景上，但上方的天空還籠罩在黑暗中。圖像裡的人物已經死亡，背景卻是新的一天開始，這兩者對應出結束與開始的意義。身上插滿的寶劍，代表人物思考過所有的解決方法，但最後發現都是死路一條，沒有其他可行方案，以為事情會搞砸，一切都失去了希望，但到達盡頭後，並沒有如自己想像的這麼糟糕，無路可走的盡頭，成為了開啟新的道路的契機。寶劍10的圖像，描述了苦思解決方法，但已無計可施的痛苦與無奈，也可能是歇斯底里式的不安與焦慮，雖然最後會等到新的

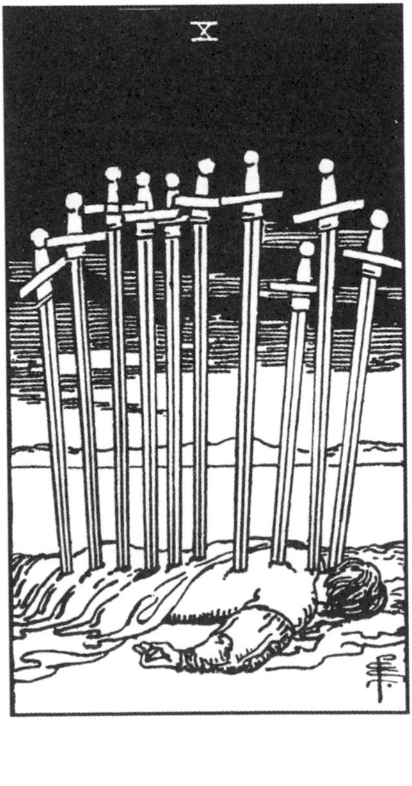

一天到來，但在苦思沒有到達極限之前，就無法看到遠處的黎明。

逆位的寶劍10人物，認為事情還有可解決的方法，努力找尋解決之道，不接受放棄與不理會。逆位寶劍10的人生處境，並不想迎接新的一天，只想保留原來的生活，所以會抗拒無計可施的現實，也會不承認事情帶給自己的痛苦或焦慮，認為一切都很好，不需改變什麼。

權杖10

權杖10的人物拿著十根杖，低著頭努力向前進，遠方是城鎮，似乎就是人物的目的地，但看不到前方的人物，只能憑記憶跟著道路往前走，無法確定自己的方

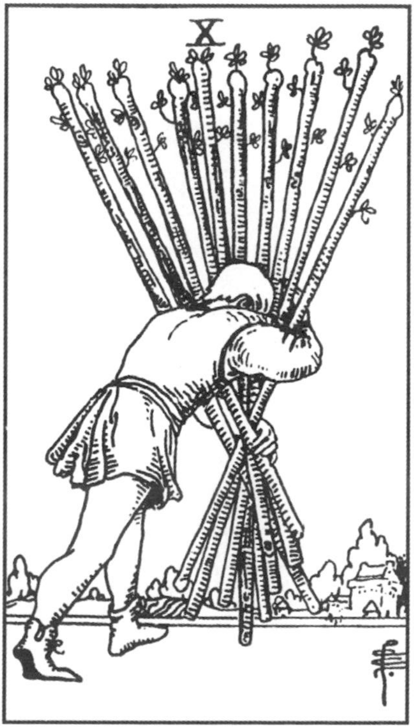

向，十根杖明顯超出了人物能承擔的極限。權杖10的圖像，描述了過多的責任與承擔造成的壓力，雖然給人非我不可的重要性與必要感，但也會過度承擔而無法顧慮其他事物，身邊的人可能會質疑人物的決定與行動，但已經無法承認自己可能有錯，只能用持續做下去來證明自己的選擇沒有錯。

逆位的權杖10人物，想要擺脫責任，認為目前的擔子不應該是由自己來承擔，會抱怨他人推卸責任，害自己變得很忙、很辛苦。或者想要成為被重用的人，卻得不到他人的信任，會有無法參與重要事務的落寞感。逆位情境也有可能看到前方的路，發現那不是自己想要到達的目的地，也可能不想再背著擔子前進，所以決定放棄與離開需要承擔的職務或角色。

聖杯10

聖杯10呈現了一家人歡樂相處的情境，夫妻環抱在一起，雙手舉高向著彩虹，兩個小孩在一旁歡樂的跳舞，前方有溪流、房子與小山丘，一片「家和萬事成」的祥和與平安景象。十個聖杯與彩虹形成的弧形，向下圍住這一家人，就像給予擁抱與安全的雙手。聖杯10的圖像，描述了家庭、團體間的和諧與圓滿，相聚在一起的快樂與滿足，但因為數字已到極限的十號，也代表這是最美好的景象，不會再有比現在更好的情景會出現，雖然圖像本身是溫馨與歡樂的，但背後也隱含最終會曲終人散的不捨。

逆位的聖杯10，不再能夠和樂相處，會有人落單、排擠，或大家都疏離。天上的彩虹會變成美好的假象，所以可能表面上和睦，實際卻各懷鬼胎。群體也不再能包容各自的不同與多元性，反而會和同溫層聚在一起，並對群體外的人產生敵意。逆位的聖杯10情境，人物不再能把手伸向前方，而是向內縮，所以會先想到自己，或以退縮、不友善的方式應對他人。

五角星10

五角星10的圖像很複雜，這張圖像並不像其他十號小祕牌，沒有開闊的視野，反而以複雜的城堡空間，突顯主要人物的身份與財富。坐在前景、最明顯的人物是老人，穿著繡有徽章的外衣，他可能是領主，或這城堡的擁有者。他撫摸著小狗，這是富裕家庭裡養的名狗，所以可能是自己的寵物，他坐在城堡內，只與狗交流。城門處有身穿富人服飾的婦人與小孩，小孩探頭進來摸著小狗的尾巴，他的動作與老人有了交流，他們可能是老人的家屬，正在城內散步，與守城門的守衛聊天。城門外的城鎮房舍林立，熱鬧非凡。五角星10的圖像用城堡象徵了物質的財富，以及社會地位，但這些

財富與地位並不是靠個人努力就可以獲得，而是家族財富，也是祖先遺留，所以五角星10的圖像，描述了管理財富的能力，用物質照顧家人，以及可運用繼承財富的人生情境，老人的形象代表傳承，所以也可能代表正在經營或負責家族事業。

逆位的五角星10人物，想擁有城堡，卻不是他能獲得的財富，所以感嘆自己沒有好家庭而無法成功，或者想要一夕致富、冒險的投資。也有可能動用家人的財富去創業或置產，卻沒有償還。逆位的五角星10的情境，會因為金錢、遺產等問題，與家人不和睦，認為自己有權利獲得更多，所以不應該退讓或放棄。

Chapter 5

宮廷牌與社會角色

有關人格特質的分類或測驗，是心理學最為大眾應用的領域，不只心理學，血型人格類型、十二星座也常被大眾討論。人格類型分析一個人的特質，但如果玩過各種分類測驗，就會發現大部分的特質說明都能符合自己的性格，而且各類測驗的結果，也未必內容一致，甚至還有互相矛盾的地方，但明明分析的是同一個人，為何會有這些不同？但卻又能被同一個人認同？如果你有想過這些問題，或許我們也需要反向思考問自己，我的性格固定不變嗎？還是像變色龍般每個人都有多個性格面向？

有時候跟多年沒見的親友相見，會發現對方的性格沒什麼改變，給人「本性難移」的印象，但我們也會發現熟人在工作或家庭表現出完全不同的性格，讓人覺得人很多變，無法掌握。人格到底是本性難移？還是多面呢？人的特質主要表現在社會關係上，於是社會關係就成為影響我們的關鍵因素，雖然每個人也有從小突顯的某些性格，但這些性格在長大、社會化的過程，有些被磨平、有些被隱藏，甚至我們學會了戴上面具演戲，為了讓自己與社會關係能夠和諧運作。演戲時，原有的某些性格會被隱藏，讓自己成為稱職的演員，所以我們常會見人說人話，見鬼說鬼話，說鬼話與人話的都是同一個人，但我們會戴上人格面具，適應有鬼或有人的生活。

一旦聽到戴面具做人這句話，會覺得是偽裝、不真誠，但從人格發展的角度來看，人格面具的培養也是人格的成熟過程，如果無法學會不同社會關係中的角色扮演，只想一貫的做自己，就會無法適應社會，只能活在封閉的世界中。所以在社會生活中的我們都是演員，每個社會角色成為我們要演出的角色，包括子女、父母等的家庭關係。這些社會角色會有社會期待，因此我們也常會聽到「像子女一樣」、「要像主管」、「像男子漢」、「像女人家」……像某某一樣的觀念，顯現了社會對這些角色的即定標準，而當我們被分派演出這些角色時，就被期待要能夠符合這些要求。但如果一個女生單身、能幹、想著事業成功，卻在家庭被要求「像女人家」一樣，期待她放下工作照顧年邁的父母，這時，女兒的角色與在職場上的角色產生了衝突，能夠調停這個衝突的就是內在、比人格面具更貼近自己的自我人格。

如果人格面具是要演出的角色，自我人格就是演員本身，社會生活不只有不同社會角色之間的衝突，也會有社會角色與自我的衝突。就像有些演員演出某些角色很出色，但其他角色可能就演的很差，演的很好的角色，是演員對該角色有更多的認同與理解，演不好就代表無法進入該角色的設定。但出色的演員不論演出何種角色，都不會受到限制，代表該演員對各種社會角色都有很好的同理與設定，雖然與自己的性格差異很大，但在被要求演出的情形下，也能扮演好自己的角色，也不會因為太投入演出，而混淆了自己與角色的不同。好演員不會演到走火入魔，除非他太過認同角色，讓角色變成了自己。

社會生活的我們與演員的最大差異，是我們演的角色不太會跟自己全然相反，大多還是會維持在與自我人格不會衝突太大的設定。在真實人生中，如果角色與自我人格衝突太大，內在就會有分裂感，人會活在痛苦當中。所以社會角色有各種要求與期待，如何調節這些外在的期待，拉近與自我人格的距離，是社會化的我們需要學習的成長功課。所以「做自己」並不是每時每刻都做出一貫的自己，而是能夠覺察社會角色與自我人格的差異，並且能夠適當的演出社會角色，但也不會讓社會角色與自我人格之間形成過多的矛盾。

回到社會角色之間相衝突的情境，在做女兒及事業有成的女性兩者之間，我們到底要如何整合，這在於自我人格有沒有形成對自己的覺察。當我們無法調節社會角色之間的衝突，主要原因在於，我們並沒有覺察角色隱含的社會要求與成為自己之間的距離。我們一方面想要成為好女兒，但又無法放下成為事業有成的人，但怎麼做才是「好女兒」，怎麼樣才是「事業有成」，這兩者的條件與定義，如果自我人格沒有覺察到屬於自己的意義，就會被社會要求拉扯。如何才叫做照顧好父母，需要從每個家庭的關係結構與經濟能力等情境中，找到最適合的方法。同樣地，所謂「事業有成」的條件與標準是什麼，也需要從一個人的人生意義與目標去定義。如果我們沒有這些覺察，就會把角色認同為自己，一旦沒有做到社會角色要求的標準，就會痛苦、內疚，覺得自己不夠好。唯有對自我進行覺察，我們才能演出屬於自己的女兒角色與成功者的樣子，這就是自我的獨特性，就算我們都要演出社會角色，但每個人都能活出獨特的自己，並能適當的調節社會與自我的差距。

宮廷牌在占卜上的應用，代表了一個人的人格面具，是求問者在求問事件中所扮演的社會角色，所以在不同問題中，我們會抽到各類型的宮廷牌，也都能代表同一個人。這些社會角色是在我們成長過程中習得的，雖然我們都有應對社會生活的能力，但有沒有選對角色，就成為需要覺察的一件事。剛進入公司的社會新鮮人，想要趕快獨當一面，於是就以皇后或國王的角色，表現出獨立、成熟的樣子，但皇后與國王向外表現出自己什麼都懂，無法承認錯誤或不足，反而會給人傲慢、不接受教導的印象。如果這時候，我們演出侍衛或騎士的角色，雖然看起來不成熟、有待進步，但因為是社會新鮮人，又剛進公司，大部分的同事與主管都能包容新進人員的出錯與不懂，我們也比較能請求他人的幫忙，所以在這階段扮演侍衛或騎士的角色，會比皇后或國王更為恰當。

一旦把宮廷牌對應為人格面具，就可以獨立使用十六張宮廷牌，並針對人生角色的問題進行抽牌與解牌。甚至在每次進行塔羅占卜，或者每日抽牌時，都可以另外抽十六張宮廷牌，幫助自己覺察各種人生角色的差異與應用，慢慢讓自己也變成更為出色的演員。熟知每一張宮廷人物的特質，就能應用在自己的社會角色上。至於自我人格的覺察，則需要透過大祕牌的抽牌應用，這是心靈成長的領域，可以從大祕牌的生命敘事找到方法。

宮廷人物的職務特質

侍衛、騎士、皇后與國王四位宮廷人物，在職務上的專業程度，象徵了他們在人格上的成熟度，也展現了他們實踐元素能力的程度。侍衛是皇宮裡面的守衛，這個職務不是專業的職位，不需要特定技能就可以任職，所以侍衛雙腳站立，象徵沒有地位與資源，就像還在學習的少年，潛能是他們的最佳資源，需要透過學習才能成長與改變，未來可以有很大的可能性，但現在還未成熟。在元素能力的運用上，雖然有該元素的特質，但運用能力不足。騎士則是都騎在馬上，馬是交通工具，比起雙腳站立的侍衛，象徵騎士可以走得更遠、更快。而且比起侍衛，騎士是有生產力並擁有專業技能的工作者，因此更成熟、專業，也更能達成目標，完成自己的夢想。騎士能夠開始掌握元素的能力，是完成學習的專業工作者，但還未達到熟練的地步，因此運用元素能力，雖然能幫助騎士達成目標，但過程尚不穩定，常常會在關鍵時刻出錯。侍衛與騎士都還在追逐自己的未來，所以他們也比較以自我中心，更在乎自己的感受，同理心不足，責任感與承擔力局限在自己身上，較不會為他人考量。

皇后與國王都坐在椅子上，他們是成熟的領導者，不必向外證明自己的能力，只需坐在椅子上掌管一切。他們都有獨立性，也能帶領他人，能夠為他人與團體著想，也能負起更大的責任，看事情也較能看向長遠的目標。國王是一國的統治者，通常國王的椅子會比皇后大，象徵國王比皇后更重視地位、權力，並需要被他人尊重與受到矚目。國王以制度管理國家，制度的建立與維護是國王較重視的管理方法。皇后也是一國的統治者，但更多時候是幕後的支持者，所以比起權力地位，皇后更強調關懷人的特質。雖然她們也有能力成為領導者，但她們的領導比起管理制度，更重視無法包含在制度裡的人，並以人性化的方式調整制度與管理方法。國王與皇后都是運用元素能力的達人，他們能夠把每個元素最佳的優點發揮出來，並能夠運用元素特質來達到自己的管理目的。

逆位的侍衛不想再用雙腳站立，對自己只能做守衛這份工作感到不滿，所以也不會認真完成自己的職責，沒有責任感，只想過自己的生活，或好高騖遠，認為自己的不成功是沒有遇到伯樂，不是自己的能力不足。

逆位的騎士，馬無法前進，代表騎士失去了目標與理想，也對提升自己的技能興趣缺缺，他們停留在原地，不想要為未來努力或爭取機會，認為自己沒有能力完成，或者對只有自己需要努力感到不甘願，所以容易漫無目標的過日子，也把自己的不如意怪罪為自己沒有靠山與金湯匙。

逆位的國王與皇后，不能再安穩的坐在自己的寶座上，他們不認為自己有能力、或有權利坐在寶座上，對自己的位置感到不安與恐懼。或者也會享受地位給予的利益，卻逃避責任，不喜歡做決定，是不甘願與自私的領導者。

聖杯人物的特質——水象徵的感性意象

代表水元素的聖杯，展現為人格特質時，與一個人的情感表現直接相關。情感是感受，所以聖杯人物比起外在事件，更重視內在感受。我們會用「感性」來表達這樣的特質。在聖杯宮廷牌的圖像中，水象徵了人物的感性狀態，所以解析了人與水的構圖關係，就能了解該宮廷人物的特質。例如：侍衛的大海在人物背後，人物沒有面對水，也代表人物不太能掌管水代表的感性，所以感性的表現就會不穩定、幼稚與不成熟。騎士的水是貫穿圖像的長河，也是騎士要跨過的障礙，所以騎士相對於侍衛，更能掌握內在情感，但比起皇后與國王所在的大海，騎士的河流是流動的水域，還無法海納百川，因此可以讓自己內在的情感自由流動，也能比侍衛更自在的展現感性的一面，不過騎士還沒有足夠的氣度與修養，去包容或同理他人。

皇后與皇帝都面對著大海，他們都有足夠的成熟度，能夠運用自身的感性力量。但皇后坐在陸地上、皇帝在大海中，所以對於情感力量的成熟與運用，皇后會比皇帝更為穩定與包容，皇帝則需要時時刻刻穩住自己的情感不能氾濫，不能被大海淹沒。另外，皇后腳邊有很多彩色的石頭，彩石是大海給的寶藏，十分稀有，而寶石象徵了皇后為他人帶來的力量，幫助別人得到內心的富足與安慰，這些都是無法計價與稀有的寶物。而皇帝的大海上有躍出海面的魚與船隻，魚與船隻是大海上的資源，是可以進行經濟活動的對象，所以皇帝會把情感轉化為經濟活動，太過感性與精神性的行為，都不符合皇帝性格，他需要有具體的成效與成果，不能只有精神上的滿足。他坐在大海中央，雖有著統管大海的海神之姿，但也需小心穩住自己的寶座，才能讓海裡的資源轉變為陸上生活的資產。

聖杯逆位時，原來流動的水，會停滯在原地，表現出對人、對物的依賴性格，也很容易對一些事成癮，比起未來會更想留在過去，所以也常會「想當年」來逃避現在。逆流的水，也代表情緒上的不穩定，喜怒無常。也會停滯在過去的錯誤與遺憾，自責與內疚成為成長的阻礙。逆位的水元素，也可能代表雨或凝結的冰塊，雨水會讓河流氾濫，造成無法管理情緒的後果，冰塊象徵對人的冷漠與不關心，甚至變得只在乎自己的感受，無法同理他人。

聖杯侍衛

◎大海裡的魚，放進了侍衛的杯子。魚遠離了水，代表侍衛還無法掌握與擁有水的能力，但他可以利用水元素的資源，為生活增添樂趣，有著天馬行空、自得其樂的特質。

◎侍衛姿勢優美，代表聖杯侍衛對「美」的追求。

◎大海在侍衛的後方，象徵侍衛還無法運用水元素的力量，還需要學習才能讓水元素成為他的能力。

◎衣服上的蓮花，並不是大海裡的植物，代表杯侍衛雖然擁有大海力量的潛能，但目前還只能掌握水池裡的生活。
而花表現在衣服上，也象徵杯侍衛會把美用在自己身上，以自我為中心，好東西先想到自己，像小朋友，無法考量他人的情感。

聖杯騎士

◎騎士的馬姿態優美，代表聖杯騎士不僅要自己美，也會把美的要求延伸到他身邊的對象與環境。
馬沒有看向前方，象徵前進的騎士，比起未來的目標，更在乎此時此刻欣賞風景。
感性特質的人，比起達成目標，更在乎過程中的感受。

◎展現在騎士面前的河流，平順的流動，它是騎士要跨越的障礙，也代表騎士對水元素的掌握能力。

◎對侍衛來說，魚是玩樂的對象，但到了聖杯騎士，魚變成衣服上的圖案，象徵騎士使用的資源。強調騎士比侍衛更能務實的走進社會的性格。

◎有著翅膀的盔甲，象徵聖杯騎士有著崇高理想，他是想讓世界變得更美好的理想主義者。

聖杯皇后

◎皇后手上的聖杯，有著天使與十字符號，形象如基督宗教存放聖體的聖體匣，象徵了皇后擁有的情感力量，能夠讓人的精神獲得療癒，也會讓精神生活富足。

◎皇后的椅背雖然高出人物，但向內形成弧形，以雙手環抱的姿態，舒服的支撐著皇后的身體。椅背也有天使與貝殼狀的裝飾，象徵了皇后的美感與擁抱他人與生命的特質。

◎皇后坐在水與陸地的交接處，兩者的平衡很好，象徵皇后的性格，在情感表現上成熟、穩定，給人溫暖又安心的感覺。

◎腳邊的彩色石頭，象徵了皇后擁有的精神寶藏，這些石頭未必能用金錢計算，卻可以用「美」的感受撫慰人心。

聖杯國王

◎國王用一隻手拿著聖杯，另一手拿權杖，象徵國王在運用聖杯特質時，也不會忘記自己的國王角色，不會因為太感情用事而失了國王的威信。

◎國王的椅背向外展開，象徵了國王向外展示的權利，但比起其他國王，聖杯國王的椅背不算大，象徵聖杯國王雖然是王，但並不那麼重視地位，也不會過度用國王的權力壓人。

◎在聖杯國王圖像中，魚不只是裝飾，而是回到水裡，象徵國王支配大海與統領水世界的能力，一切都為他所有。

◎石頭椅與椅座在大海中順著波浪起伏，國王雖有掌管大海的能力，但也需時時刻刻警惕，才不會被突然興起的大浪淹沒。象徵國王雖然情感成熟，但也需要對自己的情感適度壓抑，才能領導他人，無法像皇后一樣流暢的表達自己。

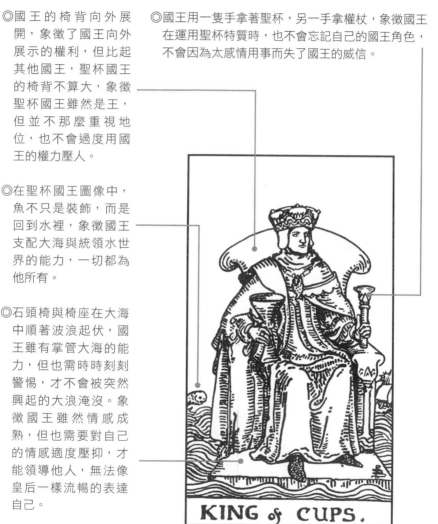

權杖人物的特質——高山象徵的冒險意象

火元素在人格特質的表現上，主要以向外展開的行動力與影響力有關。能夠影響他人，或受他人注意的行動通常需要異於常人，所以願意挑戰他人不敢嘗試的冒險，克服不可能的障礙，都是火元素在性格上會有的表現。在宮廷牌的圖像上，以高山的意象來呈現行動力，山是人想要征服的對象，在高峰上，也就成為受人矚目的人，所以權杖系列的宮廷圖像，以人與山的構圖關係，展現了人物的特質。權杖侍衛的山，在所有權杖宮廷圖像中比例最大，也最接近人物，象徵侍衛是還在成長與學習的年輕人，他要面對的困難與挑戰，相對來說會覺得很艱難。但騎在馬上的騎士，已經遠離高山，所以山的比例變小了，侍衛無法克服的困難，對騎士來說不是問題，而且他還在尋找更高、更險峻的高山去冒險。

皇后與國王圖像中的高山不太顯著，皇后後方雖有高山的形象，但顏色變成黃色，與皇后的衣服融合在一起，而且皇后所在的臺座，位在圖像正中央，已把高山擠到邊緣，象徵有能力掌握火元素的皇后，她的能力早已被外界認可，所以不需要登上高峰來證明自己，她只要坐在自己的王座上，發揮皇后的影響力即可。所以攀登高峰的挑戰，不再是皇后在乎的事。在國王圖像，後方有一點隆起的地平線，但與前方的平地都一樣是紅色，突起的地平線不明顯，猶如平地的延伸。國王擁有的影響力比皇后更絕對，也不太敢有人質疑國王的能力，所以他不需要努力表現自己，只要發號施令，其他人就會執行。他的氣燄高張，所有高山在他的氣勢下都像平地一般，如同權杖國王厚重的石頭臺座，已經把高山壓為平地。

權杖逆位時，高山成為無法跨越的困難，或傷害我們的挫折，所以逆位的權杖人物，在困難前猶豫、退縮，無法再帶著樂觀的心情朝著未來前進。逆位時，原來的權杖人物對他人展現的影響力，會反過來影響自己，過於在乎他人對自己的觀感，而容易受他人的影響，也害怕他人不認同自己的作為，所以做事變得過於小心、謹慎，害怕做決定。想要度過平凡、安穩生活的逆位權杖人物，失去了火元素的動力，面對生活無精打采，對事情也表現不出熱情與興趣。

權杖侍衛

◎比起其他權杖的宮廷人物，侍衛與高山的距離很近，高山在整個圖像中的比例也比較大，象徵了侍衛因為經驗不足，他要面對的事，都是不容易的考驗。但山群在侍衛的側邊，也象徵侍衛並不在乎考驗或困難。

◎侍衛用雙手握著權杖，象徵他還無法全然掌握火元素的行動力，也無法對他人產生影響。

◎看向前方的侍衛，並不在乎身邊的高山，他滿心期待走向還未看過的高山，象徵侍衛一心想要前進的個性，不會被現在的困境受限，樂觀的相信任何問題都有辦法克服。

◎衣服上的火蜥蜴是煉金術的象徵，火蜥蜴所形成的圓，代表煉金術的完成度。在侍衛身上的火蜥蜴沒有形成圓形，象徵侍衛的火候不足，還無法充足的使用火元素的能力，所以火有可能忽大忽小。在性格上容易冒失的衝撞他人，專注力也不足，容易三分鐘熱度。

權杖騎士

◎盔甲上的紅色火焰，集中在上半身，沒有布滿全身，代表權杖騎士的火元素，偏重特定部分，也就是騎士的性格過於急躁，他的行動還無法統合他的身心。

◎衣服上的火蜥蜴，比起侍衛，是更完整的圓形，圓形上方沒有合起來，但下方漸漸完成，這象徵了比起侍衛，權杖騎士的個性可讓火元素穩定燃燒，能夠堅持自己追逐的目標上，所以更有可能成功，也更接近目標。

◎權杖騎士的馬，雙腳高高抬起，好像在跨越障礙物，象徵了權杖騎士的個性，會不斷追求更高、更困難的挑戰。

◎遠處的高山，比起前方的馬與人物相對微小，代表那些高山不再是騎士所關心的對象，也象徵了騎士的性格，他對沒有挑戰性的事物不感興趣。

權杖皇后

◎皇后的身體向著前方，眼神看向旁邊，象徵皇后的特質，不會遺漏任何角落，會讓每一個人都能接受到她的影響力。

◎皇后的椅背很高，象徵皇后的性格重視名聲與地位，以及受到他人矚目。

◎向日葵象徵權杖皇后的特質，像太陽一樣影響他人。

◎寶座上的獅子形象，象徵了權杖皇后性格所散發的威權與統領他人的霸氣。

◎黑貓象徵了神祕與魔法，火元素的權杖象徵了直覺，在男性人物身上以火蜥蜴來代表，女性則以黑貓作為象徵。

權杖國王

◎國王的權杖，放在臺座下方，象徵了權杖國王的特質，他想要展現自己影響力的企圖，比皇后更強大。

◎國王身上的火蜥蜴，都是完整的圓形，代表國王擁有火元素的所有能力，在性格上表現出絕對權力者的權威，火的能力，有著不容質疑的影響力，讓他人服從。

◎權杖國王一隻手握著權杖，另一隻手沒有拿任何象徵國王權威的物件，象徵國王對自己的王者身份絕對自信，不需要用信物來證明自己。

◎國王的臺座很大，象徵了國王熱愛地位與名聲。

寶劍人物的特質——雲象徵的思維意象

寶劍是風元素，對應到人的性格，是象徵思考與解決問題的思維。思考都伴隨著評判事件的道理與標準，而寶劍人物則堅守對與錯的原則，不太能容忍模糊不清的情境，遇到問題都會先思考如何解決，冷靜的梳理事情的來龍去脈，對他們來說，清楚的判斷比照顧人的情感更重要。

在宮廷牌的圖像中，寶劍人物以雲朵與人物的構圖，展現宮廷人物的思考能力與性格。寶劍侍衛的雲朵散布在整個畫面中，和天空之間較沒有清楚的界線，代表侍衛還不是一位成熟的思考者，雖然他擁有的知識比其他侍衛多，但還無法有效的分類與歸納知識，因此也無法把知識轉換為解決問題的能力。

寶劍騎士的雲是扁平狀的，展現了騎士的速度，騎士能夠運用知識去解決問題，而且騎士追求的是效率，他的思考像風一樣快速移動，在前進的路上不太會出現阻礙，所以在到達下一站之前，他已經先想好了所有可行的方案，並快速應對出現的問題，但因為他太專注在效率與速度上，有可能失去精準度。

寶劍皇后的雲剛好與天空形成平衡，各占據一半的畫面，上面是天空、下方是雲朵，象徵了皇后的思考清明，不只清楚自己知道什麼，也知道自己所不知的面向。因此皇后在做判斷與解決問題時，會謹慎小心，連自己無法知道的盲點也考慮在內，雖然對事物的判斷明確、快速，但也不會堅守自己的立場，能夠聆聽不同觀點的想法，盡量讓自己的思考站在公平、正義的一方。

國王的雲在更低的地平線處，天空占據整張圖像的位置更多，象徵國王對真理的追求，比皇后更堅定，更相信自己的立場與判斷，但在椅背後方出現了小片雲朵，與其他雲朵沒有連結，象徵國王的盲點與他的地位和權力有關。維護國王的威信，成為寶劍國王在判斷事情上的盲點。另外，寶劍人物的圖像，都以樹木突顯人物身處高處，他們都在高處，看得更遠、更清楚，象徵了寶劍人物擁有比其他人物更清明的思維及視野。

逆位的寶劍，會成為傷害他人的武器，雲朵會遮蔽宮廷人物的視野，所以他們會變得只看得到自己，不會在乎別人。逆位的寶劍人物，會把責任推給他人，喜歡批評、聊是非，用自己的正義要求他人，並認為自己受到不公平的對待。寶劍逆位時，會用不正當的手段獲得自己的利益，正直與信任都只是偽裝的表象。寶劍逆位時，人物也有可能表現出邏輯混亂，無法有效梳理事件，解決問題沒有效率、會有拖延、找藉口等特質。

寶劍侍衛

◎雲朵散亂的分布在天空中，象徵侍衛還沒有清楚的判斷力。

◎寶劍侍衛雖然用兩手握著寶劍，但他的眼神看向另一個方向，象徵侍衛還無法全然掌握自己的判斷與思考，所以在做判斷時，也會質疑自己。

◎身體向後退的侍衛，在面對問題時，還沒有能力直接解決，需要時間思考，所以性格上會表現出事不關己的冷漠態度。

◎站在小山丘上的侍衛，想要看到更多，象徵侍衛收集資訊、知識的意圖與能力。

寶劍騎士

◎寶劍騎士的劍，高舉頭上，充滿鬥志，象徵了騎士朝著問題前進與不退縮的性格。

◎寶劍騎士的馬，快速往前移動，象徵了騎士講求速度與效率的特質。

◎扁平形的雲朵布滿天空上方，天空不夠清明，象徵寶劍騎士的思考與判斷還是有所不足，雖然有效率，但未必精準正確。

◎馬鞍飾帶上以蝴蝶圖樣裝飾，蝴蝶象徵了寶劍人物跳躍性的思維。馬是協助騎士往前進的工具，象徵騎士還需要其他協助與支援，才能運用他的思考能力，還無法完全獨立做決定。

寶劍皇后

◎寶劍皇后的劍筆直向上，象徵皇后能夠認知到一個人的思考有盲點，因此更能沒有偏袒，正直、正義的進行決斷。

◎皇后的一隻手伸向前方，象徵皇后在追求理性與正義的同時，也會關懷他人。

◎蝴蝶圖案出現在皇后的皇冠與椅子上，頭上的皇冠象徵皇后的智力，椅子代表皇后的社會地位，這兩個物件上的蝴蝶，象徵了寶劍皇后的社會地位與智力相平衡，她適當的以皇后身份，發揮她的判斷力。

◎雲朵集中在下方，天空清明，象徵皇后清明的判斷力，但也能認識到真理在不同立場上的盲點。

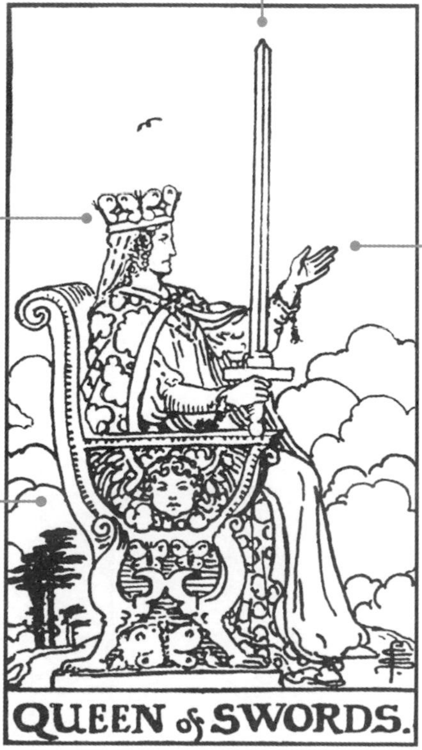

寶劍國王

◎國王的椅背豎立在後方，象徵寶劍國王重視社會地位的特質。

◎寶劍國王只有椅背上有蝴蝶圖案，象徵國王的智力是為了穩固國王的社會地位與權力之用。

◎椅背後方的雲朵，象徵寶劍國王的判斷，因為對地位、權力的追求而會有盲點。

◎國王的寶劍往旁邊傾斜，象徵了寶劍國王的真理偏袒手握權力的一方。

寶劍國王另一隻手沒有拿著任何象徵國王身份的物件，象徵國王對自己王者身份的絕對確信，不需他人的證明或認同。

五角星人物的特質——土地象徵的實踐意象

五角星象徵了土元素，展現在人格面向，就是踏實、穩固、不易改變、掌握與規劃。這些特質讓五角星的宮廷人物成為重視實踐，不輕易行動，謹慎小心與追求完美的性格，這些性格在圖像上，會以人物與他們踏著的土地的構圖來表現，並以他們所在的土地性質，象徵人物的實踐能力。五角星侍衛站在草地上，地上還有野花，這是沒有人照顧的野地，代表五角星侍衛還沒有能力照顧土地，也沒有屬於自己的地方。他站在野地上，還需要很多努力才能學習如何把野地整理為可使用的土地。反觀五角星騎士，圖像裡的地有著條紋，代表這些地是為了農作物而耕耘的地，管理與應用這些可以帶來經濟效益，所以比起侍衛，騎士有更多的生產力。

五角星皇后所處的地方也在野地裡，但並不是全然的野外，上方的花叢有著門的意象，代表皇后坐在屬於自己的花園裡，而花園很大，視線所及之處都屬於皇后的領土。土地上不只有野草、花與果實，還有山與水，資源富足，象徵皇后擁有的資產與實踐能力，能夠帶來實際對生活有幫助的經濟活動。而且花園是半開放式的，代表皇后並沒有阻斷資源，可以與他人共享。反觀五角星國王，他所在的地方有城牆，他靠坐在城牆前，城牆是他的疆界，也是保護他領地的建築物。五角國王坐在城牆外，後方是他的城堡，代表國王想要對外展示領土。他腳踏的地方不只有花草，還有用石頭鋪好的路，象徵五角星國王用建立城堡展現自己管理自然的能力，用這些看得到的標的物來宣示自己的地位與權利。

五角星逆位時，土地會變得鬆軟、不穩定，也無法耕耘，所以五角星人物逆位時，都帶有焦躁與不安全感，無法確定自己所站的土地是否穩固，所以害怕自己隨時都會跌落或失去立足點，變得更想要抓住手邊的任何東西不放。成為逆位五角星人物，會過度執著於某物或某事的特質。也可能不相信自己的土地可以種植，也不想努力耕耘，五角星人物不再認真過生活，認為勤奮不是美德，想找到獲得成功的捷徑。

五角星侍衛

◎高高舉起的五角星，象徵侍衛很推崇穩定的生活，並想要努力掌握。

◎在最遠處的高山，象徵五角侍衛不喜歡冒險與挑戰的特質，喜歡走安全的路。

◎五角侍衛專注的看著五角星，象徵侍衛的專注力，以及一心一意仔細完成事情的特質。

◎侍衛站在野地上，代表侍衛沒有屬於自己的土地，遠處的農地、高山、樹木，都是侍衛未來想要擁有的資源，也象徵侍衛會踏實的規畫未來並實踐的特質。

五角星騎士

◎騎士的盔甲和馬的頭上有著綠葉，象徵五角星騎士的特質就像農作物，用踏實的勞動換取資源。

◎與其他騎士不同，五角星騎士的馬穩重的站在原地，沒有前進，等待騎士的指令，象徵騎士的特質謹慎小心，不容許出錯，每一步都會確認再前進，性格保守。

◎黑色的馬氣質穩重，象徵五角星騎士喜歡安全與穩定感。

◎條紋狀的土地，是已經開墾耕耘的地，象徵五角星騎士管理土地的能力，會依照時節與計畫行事，有著不馬虎、按部就班的性格。

五角星皇后

◎皇后俯身看著腿上的五角星，猶如媽媽保護小孩一般，象徵五角星皇后的個性，對自己需要照顧的事物，用心保護，不讓任何事物受損或受傷，是保護本能很強的性格。

◎五角星皇后的椅子上，用果實做出華麗的裝飾，象徵皇后喜歡熱鬧、物質豐足的生活。

◎紅色的野兔，象徵了旺盛的生命力，代表皇后熱愛生命。

◎皇后被豐饒的大自然圍繞，沒有把自己隔絕，象徵皇后能夠與他人分享生活與資源。

五角星國王

◎用一隻手扶著五角星的國王，喜歡炫耀自己的資產，而不是保護。

穿著盔甲的國王，防衛心強，不允許他人侵犯自己的領土。

◎國王的椅子華麗花俏，展現了五角星國王愛炫耀、喜歡熱鬧的性格，椅子也很大，象徵國王貪戀權力、地位。

◎城牆形成了疆界，也成為國王的後盾，象徵國王喜歡對自己的領土畫清界線，以及用堅實的城牆保護自己的領土，有著絕對不會吃虧的特質。

◎衣服上有象徵生命的葡萄圖案，華麗、熱鬧，象徵五角星國王對生命執著，重視健康，想要長壽，享受榮華富貴的特質。

Chapter

6

塔羅敘事的方法

每日抽牌練習

學習塔羅生命敘事的第一步，是學習七十八張塔羅牌的結構與圖像，要熟記圖像但切記不能背牌義，塔羅生命敘事是用圖像說故事，是每次抽牌解牌時都需要重新從圖像中啟發故事與意義。背牌義的結果，會導致每次占卜都只是依照記憶羅列牌卡的答案，卻對圖像視而不見，失去了觀看圖像的能力。講到圖像熟記，每日抽牌是個最確實的學習方法，每日抽牌一般大多稱為每日運勢，但我不太喜歡用「運勢」這個詞。「運勢」會給人既定的算命概念，我們的生活依照運勢運作，所以只能用預知來防範，無法改變。如果把每日抽牌當作運勢來應用，只會成為每張牌卡的牌義與每日發生的事之間的驗證與連結，無法真正發揮自我覺察與生命成長的塔羅應用。只要換個方式思考與運用塔羅，藉由塔羅牌的每日抽牌，不但可以學習塔羅圖像解析，也能成為每日的自我覺察功課。

想要讓自己變得更好是我們的期望，但到底要如何才能帶來更好的改變？比如看電影，故事裡角色的改變通常是發生了一些不可抗力的事件，在面對事件的過程，他們雖然痛苦、傷心與不安，但最後都能重新審視自己，有勇氣走向不一樣的道路，這樣的情節幾乎每部電影都在上演。在看電影時，我們會以為主角的改變來自外在事件，而我們也會羡慕與想像，自己是否也要等到某些事件的到來，才有可能走出不同的人生？但事件只是讓人物改變的導火線，最終可以讓人物改變的，是主角從事件中自我覺察，並且讓自己做出與過去不同的抉擇。覺察是看到自己在理解事物上的盲點，以為我的不幸來自某人的陰謀或陷害，但覺察的我發現，某人的陷害會讓我受打擊或受傷，但我的人生會不幸，不是因為這個陰謀，而是面對傷害的我，讓傷害成為了我的不幸。也有一些人在受到傷害後，雖然也會難過，但並沒有讓這傷害決定了自己的幸福，只把它當作走向幸福會經歷的過程。

覺察需要一面鏡子，幫助我們看到事情更深入的真相，而不是我們想像中的樣子，生活中我們聽他人的人生故事、看電影或讀小說，都有可能對自己形成覺察。但聽故事時，我們是在聽他人的故事，雖然可能有一些與自己相像的地方，但並不是我的故事，所以聽故事的自我覺察，需要特定的因緣，或內心裡有很糾結的煩惱，想要解決問題的渴望，才會在每件事上尋找答案。如果每日過得很平凡、沒事，自然也不太能從故事中聽出深意。但如果我們每天都聽自己的故事呢？有沒有可能每天都能覺察自己一些？更能認識自己？

回到一開始的每日抽牌，如果把每日抽牌視為自我覺察的故事，是不是就能讓我們成長與改變？在進行塔羅抽牌解牌時，我們會問問題，這個問題會與求問的人的人生有關，而任何時候的抽牌解牌，一旦求問，解牌時就是關乎求問者的生命敘事。同樣地，每日抽牌不見得會設定問題，但「每日抽牌」本身就是設定，代表解牌是有關求問者的「每日」。每日裡有很多事情發生，在事件中的我們也會有很多想法與作為，如果用每日運勢來思考每日抽牌，就是預測每日發生的事件，如果用生命敘事來思考，是為了覺察在每日的事件中的「我」。在進行解牌時，把塔羅牌解讀為「發生的事件」，還是「覺察在事件中的我」，這兩者的解牌方向會形成占卜或生命敘事的兩種不同應用。

塔羅生命敘事是透過抽牌解牌，「覺察在事件中的我」，因此不是在驗證塔羅牌準不準，而是無論今天發生了什麼事，都嘗試用抽出來的牌來解讀。在生活中，我們容易注意事件，而不是事件中的自己，所以平凡的日常，就會形容為一成不變，發生了大事件，才會感覺生活有變化。但如果回到自己，不論外在發生什麼事，事件中的自己都不可能一成不變，我們總會對事件進行「評價」而帶來各種情緒與想法。日常中對事件的情緒反應，我們都會認為理所當然，卻會忽略情緒來自我們對事件的評價，而不是事件本身。如果去超商買咖啡，結果店員看到客人來也沒有即時走到櫃台，我們就會對服務不滿，如果耽誤到上班時間，就會更生氣。我們會對店員生氣，是因為我們把店員的行動評價為怠慢顧客、不專業，而且我也因沒有被視為重要的顧客而生氣。但如果我把店員沒有即時到櫃台，理解成他手頭上正在忙，沒有注意到客人在櫃台，或以為櫃台已經有其他店員，所以沒有反應的話，這時店員的行為不會直接引發我的不滿或生氣的情緒，我會先叫店員，如果店員知道我在但還是不理會，才會有下一步的發展。

每一種情緒，都是從事件的評價引發，但我們通常沒有覺察評價的過程，直接從情緒感知自己的變化。日常中的很多事，我們都習以為常，也會用習慣性的思維進行判斷，結果事情發生就會進入到同一個情緒輪迴。如果想走出這樣的輪迴，需要覺察事情發生時，引發情緒的是什麼樣的判斷與評價，但平常沒有練習覺察的人，就算知道要覺察，也無從開始，不知道要覺察什麼，所以需要一些幫助。如果身邊有智者，就可以請智者幫忙，如果沒有，就把塔羅當作智者好友，透過每日抽牌，進行自我覺察，培養觀察細微的「心」，慢慢理解自己如何判斷事情，有著哪些情緒反應。

不論有沒有進行塔羅抽牌，每日我們都要應對很多事，也會對很多事下判斷，一旦抽牌，除了自己應對事件理所當然的反應，還會出現牌卡給的提示。這個提示有時符合我們的想法，有時未必，卻可以讓我們在理所當然進行判斷前，停下來，重新思考一次，讓我們理解今天發生的事可以有哪些不一樣的解釋。而每一種不一樣的解釋，都來自於看待事情的不同態度與觀點，觀點不同，評價也會變得不同，所以透過每日抽牌，不只是對應每日事件中的自己，也是學習如何用不同觀點去理解事件。我們常會說要對他人同理，但同理不只是情緒上的理解，而是需要從另一個人的立場想事情，才能理解為何會有這樣的情緒反應。所以從每日抽牌進行的自我覺察，同時也能培養多重觀點的思考能力，漸漸會成長為能夠對他人深度同理，對自己有清明覺察的成熟人格。

我們大部分的人生，都是在等「大事件」來改變自己，但每日抽牌，卻可以每天藉由日常事件來轉換觀看事件的能力，這種每日的累積與學習，會把「一成不變」的日常，慢慢轉變成「千變萬化」的不一樣，生命不再是同樣的重複與無聊，而是每日都可以是溫故知新。在塔羅教學中，我都會鼓勵學習者進行每日抽牌，但過不了多久，總是會有學員回應，每日抽牌好可怕，抽出自己不喜歡的牌就會影響當天的心情，所以不想抽了。這種回應，一方面是把每日抽牌視為運勢的預測，害怕不好的牌預告了不好的事，另一方面反應出學習者不相信自己應對事情的能力，害怕不好的事會讓自己不幸福，違背人生可以平平安安的期待。不論有沒有每日抽牌，好事、壞事都會發生，但判斷一件事是好事，還是壞事？在於應對事情的人的態度，能夠從事件中學習，讓自己有所得，就成為好事，只能看到事件帶來的不好影響，就會變成壞事。也因此有些人在苦難中還是幸福，有些人在優渥的環境還是不幸。一旦懂得我們有決定態度的能力，不論抽到什麼樣的牌，都能幫助我們覺察與理解，所謂不好的事來自於什麼樣的態度，以及什麼樣的判斷能力，這才是每日抽牌幫助我們成長的部分，如果只是為了用抽牌預測好壞，或許比起塔羅抽牌，還有其他更符合的占卜工具。

大祕牌

解釋為應對事情的態度與觀點，看待事情的意義。態度會決定對事件的評價，以及評價之後的情緒反應，所以抽到大祕牌，可以幫助我們進入深度的自我覺察，不論當天發生的事有多麼微不足道，都可以用抽到的大祕牌來覺察自己如何應對、以及如何反應。例如：抽到節制牌，解釋為當日對事件的反應與評價來自於節制牌的態度，想讓日子過的平平安安，沒消息就是好消息，想顧好自己的身體，讓身心都能愉快。節制的態度，對事情的評價是一切如常，沒有什麼大不了的，所以不論遇到什麼事，較能心平氣和的去應對，就算遇到了不如意的事，也不會過度擔憂，適當的做出回應與解決。逆位的節制，就容易把小事判斷為過度困難，於是就會引發不必要的情緒，解決問題的方法也會過於急躁。

小祕牌

小祕牌描述的是發生的事件。會發生什麼事，並不一定由我們決定，我們也常是被拉進事件裡的人，雖然我們無法掌握會發生什麼事，但可以覺察為何會發生這樣的事情，以及我們的身心狀況。小祕圖像中的數字與元素，可應用為自我覺察。

例如：抽到聖杯4，這是事情都無法如我的意發展的情境，所以我會感到不滿意。會發生不如意的事，有可能主管沒有依我的要求改計畫、同事無法依時程完成工作，請家人幫忙的事都只完成一半……等。

如果進一步解析聖杯元素，聖杯是依情感行動，所以在聖杯4發生的情境，求問者的要求是在於自己的情感滿意度，沒有一定的標準，所以在要求他人時，也有可能是一廂情願的認為他人懂自己的要求，並沒有表達具體的要求，所以對方也是依自己理解的方式在做事情，才會產生無法滿足我的結果。而且4號是想要讓目前所做的事進入穩定階段的數字，所以當事情無法讓自己滿意，就會產生事情不會好轉、無法穩定下來的不安。

宮廷牌

應對事情的人格特質。不同特質的人，會對同一個事件有不同反應，所以覺察自己在事件中，扮演什麼樣的角色，才能評估是否需要調整。如果抽到寶劍侍衛，寶劍侍衛雖然搜集很多資訊，但還無法快速下判斷與處理，所以在處理問題時，雖然講得頭頭是道，卻無法迅速下決定。如果我是會議主持人，卻以寶劍侍衛的角色來應對，雖然可以把我準備的內容清楚呈現，卻無法整合會議上出現的各種問題與討論，也無法以主持人的身份下決定，結束不必要的爭論。寶劍侍衛雖然能說出個道理來，但也容易被他人的道理說服，尤其是對方資歷較深或職務較高時，所以就無法成為主導會議進行的角色。我們會扮演寶劍侍衛，並不一定是工作能力不足，也有可能是不想承擔像責任，或者認為這不是自己的責任，當作主管分派的工作，只好去完成，但沒有想過把它視為自己的工作去執行，所以就不會花時間想要對會議議題有更多的理解。

每日抽牌——單張牌練習

1. 抽出一張牌作為練習。
2. 每日抽牌，如果沒有設定特別的問題，就可以解釋為有關那一天的故事。
3. 抽牌時間不限，只要能夠幫助學習者覺察一天中的自己即可，可以在白天或晚上抽牌。

4. 記錄。把每日抽牌記錄下來，不只是寫下抽到哪張牌，發生了什麼事，而是要記錄從這次的解牌中，有哪些和自己有關的覺察，不是記錄事件，而是記錄事件中的自己，以及與塔羅圖像之間的想像連結。

塔羅生命敘事如何解讀逆位牌？

在塔羅占卜的解讀中逆位牌並不是必要的，有些占卜師未必會解逆位牌，但在生命敘事解牌中，逆位扮演了重要角色。在占卜中解讀逆位，通常就會把逆位歸類為不順與不如意，我們也大多不喜歡抽到逆位牌。會想避開不順與不如意，是因為不順並不是我們能改變的狀況，只能接受與認命，所以期待不要遇到不順的運勢。但從塔羅生命敘事的觀點思考，不順或不如意並不是我們無法改變的處境，而是應對事情的心態、方式有了問題，才會有不順與不如意的狀況，所以生命敘事抽到逆位牌，反而是幫助我們覺察，現在我所經驗的不如意是為何或如何而來？

求助於塔羅占卜的人，必定是生活中遇到了困境，雖然我們知道遇到了什麼樣的難題，但往往無法洞察是什麼樣的原因會造成這種狀況。工作上，如果與特定同事或主管有衝突，就會認為是對方機車或刁難才會發生問題，所以求助於占卜時，常會問要不要離職、有沒有可能調部門，但我們很少會詢問自己，人際關係上的衝突，有沒有可能與自己的應對方式有關？我們都有自己堅持的原則、不想被侵犯的界線、不能忍受的話語或行為，當有人的行為或言語觸碰這些不能侵犯的原則，我們就會感到不舒服與不愉快。所以就會跟對方說：「剛才你說的話很傷人」、「我不喜歡你談這些」、「下次不要再這樣」……等，或者我們也會努力避開會讓自己不舒服的狀況。久而久之，我們就在自己身邊圈出了一個安全範圍，也讓身邊的親朋好友知道哪裡有地雷，盡量不要靠近。

人的一生會更換很多工作、遇到很多人，每次換新環境、認識新的人，安全範圍的結界又要重來一次，很累人，所以年紀大了，我們就越不想換環境，連談戀愛都覺得麻煩。其實不想要麻煩的解決方法，不是停留在熟悉的地方，而是要解除圍在我身邊的結界，也就是我所堅持的原則，如果它像地雷，就需要把地雷都拆掉這才是根本性的解決。拆除是因應每個人的生命階段與自我成長的狀況，調整那些原則。他人說的某些話或某些事，讓我們不愉快，是因為那些話與那些事觸犯到個人的內在原則，一旦原則改變，那些話與那些事都不會引起情緒反應。

我們常會抱怨人應該要有禮貌、應該尊重他人、應該負責任，但何謂「應該」？而應該裡我所持有的標準，又有多少是應該？我們可以要求自己用應該的方式尊重他人，但什麼樣的行為是尊重他人？有沒有放諸四海皆一致的標準呢？社會生活中雖然有多數人認同的合理標準，但這些標準不是可以用尺來衡量的具體物件，而是需要放進當下的人事時地物，從發生事情的情境中才能去理解。但我們常常把「我的標準」當作尺規，在理解他人之前，就會先用這把尺規評價了眼前發生的事，並且因為沒有受到尊重而生氣或受傷。

在生命敘事中的塔羅抽牌，逆位牌的出現可以幫助我們省思，在所謂不順的情境中，有哪些我們需要省思的「應該」。當「我的應該」與外在沒有相應合時，我們就會感受到事情不順與不如意，所以逆位牌越多，越代表我的應該與外在事件有著很大的落差。當這種落差發生時，我們會先出現生氣、失望、悲痛等的情緒反應，所以很難冷靜、以旁觀者的立場思考，這些落差到底為何會發生。

例如有人想升職，抽到逆位五角星9，如果從占卜術的思維去思考就會解釋為不可能升職，功勞都被他人拿走了。但生命敘事會把逆位五角星9解釋為，正處於看不到努力的累積而感到失望、身邊沒有屬於我的東西、覺得自己的努力都是為他人而做的人生處境。這是很多上班族會有的狀況，不論多努力工作加班，員工付出的未必能得獲得同等的回報。但進一步我們可以從五角星元素及數字9的意義去覺察造成逆位五角星9的可能原因。

員工得不到應有的回報，與公司本身是否看重員工的付出有關，但公司對於我們的付出「應該」要給我們什麼樣的回報的想法，也是過度以自我標準思考的結果。一個公司需要的人才，未必是加班最多、做最多工作、承擔最多、年資最久的人，雖然這些是思考人才時較容易衡量的標準，但我們忘了提拔人才的也是另一個人。每個人都很主觀，也會有個人偏好，如果大部分的人的條件都差不多，影響升職的或許就是被喜歡的那個人，就算那個人的條件並不好，但被看重這件事，不是由被選擇的人決定的，而是由擁有決定權的人的主觀來裁決。

所以誰「應該」升職？雖然可以依客觀條件安排，但「人」做的事通常都很主觀，就會產生各種不公平的結果。當然，一個公司如果制度執行不公平，長久下來，會流失好人才，所以對公司的長遠發展來看，都不是好的作為，但這是公司的負責人需要承擔的責任，並不是基層員工可干涉的裁決。五角星元素本身就有一步一腳印的信念，本身就隱含了付出多少就會獲得多少的「應該」，這種應該用在可衡量的目標上是可以實踐的，例如我想要存錢買房，可以要求自己每個月存多少錢，最後就可以達到買房的目標。但如果要衡量的是沒有絕對標準的付出與才能，而且還是由他人來評量我們，這種信念本身就太過理想化，因為從他人眼裡看來，怎麼樣才是付出？怎麼樣才是應有的報酬？每個人心裡都有不同的標準。

另外，9號數字是接近最後成果、完成的數列，代表在某件事情上長期付出的努力，所以會對沒有得到應有的報償感到更失望。這兩者就是在解讀逆位五角9的圖像時，我們可以覺察的「應該」，這些應該讓我們在外界發生的事不如自己預期的回報時，就會感到失望與無力。在塔羅牌裡，有好幾張代表失望與無力的小祕牌（聖杯4、聖杯5、寶劍3、寶劍8等），不一定要用逆位，才能說出失望的人生處境。

當抽牌出現逆位時，除了原有的圖像在逆位時代表的意義，也隱含了個人的內在信念與外在事件之間的衝突與矛盾的訊息。相對的，如果直接出現正位的、表現失望的牌，遇到了同樣的處境，雖然也會失望，但經歷事件的人未必會對這種結果感到意外，代表能夠理解升職這件事有太多我們沒辦法掌控的因素，所以對情緒影響不會太大。正位牌的解讀，未必有機會讓我們覺察個人內在的信念，從生命成長的觀點，反而是逆位牌的出現，才是一個人可以成長與改變的契機，也是拆除阻礙我們成長的地雷的時機。因此在塔羅生命敘事中，逆位牌的出現有著無法替代的正向意義，只要從自我覺察的方式進行解牌，都能推動我們的生命朝著成長的方向前進。

如何把塔羅應用為人生建議

塔羅生命敘事的抽牌問題，只要是開放性的、有關自己的人生問題，什麼樣的問題都可以問，問題大致上可以分為兩類：一、想要分析目前的狀況；二、想要知道未來要怎麼做的建議。這兩類問題的解牌稍有差異，以第一類的分析目前的狀況來說，最普遍的問法就是「未來會如何發展？」雖然問句是有關未來，但透過抽牌解牌，塔羅敘事會幫助我們覺察的是現在。這類問題的解讀就以說故事的方式，從抽出的第一張牌開始，依序解讀即可。第二類的題目是詢問建議，普遍的問法是：「我要怎麼做比較好？」「可以怎麼改善？」「要怎麼樣才能解決？」這類型的問題，在解牌上常出現混淆的部分是抽出逆位，或者正位的牌本身不積極或負面意義的圖像。建議問題的解牌，與一般性的敘事解牌還是有所差異。

當我們想要問建議時，理所當然就會想要解決問題的方法，而解決問題本身就是一種積極態度，所以出現逆位，或者正位時卻有負面意義的圖像時，很多人都會解釋為不要再以逆位牌的態度面對事情，要積極的轉向正位牌的行動。例如抽到五角星5就會解釋為不要再默默在困窘的情境中一個人面對，去找人幫忙；或者抽到逆位權杖7，就會說不要再懶散了，要積極面對挑戰與困難……如果建議都是針對積極、正向的行動，在詢問建議時，似乎不需要解讀逆位牌，只要全部解為正位即可。但我個人非常重視逆位的建議解讀，它可以給我們停下來、思考、覺察後放下的生命智慧。

「無為」是道家思想中的重要精神，這種境界有別於我們認知的日常活動，所以放在生活中，常常會在無奈、無助、無能為力時，當作安慰自己的話語。但「無為」並不是因為無法做什麼而不做，而是理解「無為」才是最佳的回應方式，反而是以無為來讓事情發展下去，所以並不是停滯，而是前進。逆位牌的建議，我通常會視為要學習道家的「無為而為」的智慧，逆位牌也是在提醒在事件中我們都太想有「作為」，「作為」反倒成為事情困難的原因。而「作為」也是在反應我們想要事事都要達到理想狀態的期望，所以現在的不理想與不圓滿，都會給我們想要更努力或做些什麼來改變的態度。年輕時我們用莽撞的行動來認識人與世界，那時候確實是需要以行動來認識自己，但生命接近中年或中年以後，「不行動」才是學習智慧的開始，年輕時藉由行動所獲得的生命經驗，到了中年則是需要以不行動來轉換成面對人生的智慧。

因此如果想要在「建議」上應用逆位牌，需要從另一種觀點去思考，不再是提供行動建議，反而是要我們放下行動，先接受逆位牌的情境。比較簡單去解逆位建議的方法，就是把逆位解讀為放下原來正位有的行動與想法。例如建議牌出現逆位的命運之輪或逆位的聖杯3，就是需要放下命運之輪的態度與走出聖杯3的處境。如果命運之輪的態度是要我們抓住機會、大膽的往前進的話，逆位命運之輪反而是在提醒我們，原來積極想要抓住機會的態度與行動，才是造成困境的原因，讓自己退後一步，懂得理解，有時候推動輪子前進的主導力在他人手上時，反而事情會更容易解決。逆位的聖杯3，也是在提醒，目前遇到的困境是在於求問的人太想要與他人合作愉快、相處和睦，並期待他人都能無私分享，但這種期待如果與現實不符，就會讓求問者失望、受傷、難過，所以走出聖杯3的處境，反而可以幫助求問者更實際的看待目前所處的合作模式，調整自己的作為，找到最適當的應對方法。

在建議的求問中，逆位牌出現越多，越是代表求問者太過積極與掌控，也太理想的想要讓事情都朝自己想要的方向發展，才會出現逆位的提醒，讓求問者學習放下。在逆位解讀時，可以把逆位牌的正位意義，解讀為求問者目前所處的狀況，也就是困境發生的原因，所以透過放下，我們所糾結的問題就不再是問題。相對地，如果在建議問題上，抽到很多正位，代表都是給予積極、主導與掌控的提醒，代表求問的人在應對事情的方式過於被動或逃避，反而需要面對問題的決心與行動力。但也有可能出現寶劍5或寶劍9等的正位建議，這時候代表我們正在逃避寶劍5或寶劍9的狀況，反而無法處理問題，所以就把這些牌解讀為接受糾結的情境，接受是第一步，從接受中才能找到對症下藥的解決方法。

在解決問題時，很多人都會忘記面對與接納的功課，就像聖嚴法師所說的人生智慧：「面對它、接納它、處理它與放下它。」任何生命問題都要從面對與接納開始，但求問的人，大多是想要直接跳到「處理」，所以就直接問要怎麼解決。當然有很多問題可以直接跳到處理模式，這樣的問題反而不難，但人生還有很多糾結的事無法解決，只能在面對與接受後，了解到處理的方式就是放下，但我們也常不接納與不想面對這些糾結的事，不斷想要找到趕快遠離的方法，才是最需要調整的態度。關於人生問題，未必每件事都有藥方，有時候接受與放下，才是面對人生處境的智慧之道。建議問題的解讀，正位與逆位都會成為自我覺察的重要提醒，可以先從正逆位的圖像排列去找到解牌的方向。

塔羅生命敘事問題舉例

1. 目前遇到的工作上（感情上）的問題，我正在用什麼樣的態度應對？
2. 建議我用什麼樣的態度去應對？
3. 我找不到做這件事情的意義，可以有什麼意義呢？
4. 過去發生的那件事，可以用什麼樣的意義來看待呢？
5. 我跟對方的緣份，有著什麼樣的意義呢？
6. 我會遇到這些事情的意義？
7. 應如何應對與○○○的關係？
8. 我要如何才能自我成長？
9. 如何才能樂在工作？

10. 如何持續在兩性關係中成長？
11. 我要如何應對生活焦慮？
12. 要如何才能活在當下？

塔羅敘事練習（大祕牌、宮廷牌、小祕牌）

最基本的敘事解牌練習，從單張牌開始，依大祕牌、宮廷牌、小祕牌進行態度、人生角色、生命情境等的敘事。之後再把三類型的牌組合在一起形成以連續的敘事，因七十八張隨意抽牌時，無法形成這樣的組合，所以在練習時，可以從這三類型的紙牌各別抽一張，幫助學習者進行敘事練習。（這種方式供練習使用，進行塔羅身心靈占卜時，不需把三類型的分開。）

大祕牌　　宮廷牌　　小祕牌

目前我在＿＿＿＿＿＿＿＿＿＿＿＿的問題上，

用＿＿＿＿＿＿＿＿＿＿態度（立場）來觀看事件，

（大祕牌）

認為＿＿＿＿＿＿＿＿＿＿＿＿＿＿＿＿＿＿。

（對大祕牌的描述）

我選擇了＿＿＿＿＿＿＿＿＿＿的人格來應對事情，

（宮廷牌）

所以會＿＿＿＿＿＿＿＿＿＿＿＿＿＿＿＿＿＿。

（對宮廷牌的描述）

結果處在＿＿＿＿處境，情況是＿＿＿＿＿＿＿＿。

（小祕牌）　　（對小祕牌的描述）

解牌舉例：逆位倒吊人、五角星侍衛、逆位寶劍6

我在目前的工作問題上，用逆位倒吊人的態度來看待事情，認為我是不得不從自己的位置走下來，去處理很多不是我的責任的工作，所以很不愉快。

而我選擇了五角星侍衛的人格來應對目前的問題，所以會想要一次做好一件事，不喜歡草率執行，也不想出錯，想把事態穩定下來。

結果處在逆位寶劍6的處境，情況是工作陷入困境，每個人有不同意見，很混亂，無法依我的方式一步一步處理，每個人只顧自己，無法相互幫忙，感覺自己要沉入水中了。

塔羅敘事抽牌應用（三張牌）

當進入塔羅敘事抽牌時，不需要把三種牌組（大牌、小牌、宮廷牌）分開來抽牌，還是一樣從七十八張紙牌，隨意抽出三張牌，再依抽出來的牌組解牌。在隨意抽牌的過程，因為只抽三張牌，所以大祕牌、小祕牌與宮廷牌未必都會出現，反而會形成千變萬化的組合：全大祕牌、小祕牌＋宮廷牌、全宮廷牌、大祕牌＋宮廷牌……不論是什麼樣的組合，都在說明這次求問事件的特色。例如只有出現小祕牌與宮廷牌，代表求問事件不是需要思考觀點與意義的日常事件，日常就像例行公事，雖然事件性質都會有些微差異，但我們大多有經驗可以應對，也不會在應對時停下來思考「意義」後再行動。日常是支撐每日生活的重要過程，雖然無聊，卻必不可少，但長期在日常模式，生活也會覺得沒有意義，所以有時候，在日常中我們也會停下來想要思考人生是否要這樣繼續下去，這時，代表我們的生命狀況從日常，進入到了用大祕牌來思考意義的生命處境。

大祕牌的出現，會幫助我們覺察目前的生命態度、以及未來的定位，這些覺察通常在我們面對重要抉擇時才會進行，例如工作想要轉換跑道、結婚生子、分手等，在做這些抉擇前，我們一定會問做了這些決定後會如何？而我們是否能夠承擔或接受這些結果？我們能否接受一次性決定的後果，在於我們用什麼樣的心態與意義看待這項決定。如果換跑道是為了生活過得更輕鬆、自由，就是用「皇后」牌的心態來面對換工作，如果換工作後發現未必能夠輕鬆，我們就會選擇放棄。但如果是用「戰車」的態度去面對轉換跑道，也就代表想要有更多出頭、成功的機會，所以工作壓力大、會累等都不會成為放棄的理由，只要新的工作有向上發展的機會。

在隨意抽牌時出現大祕牌，會幫助我們覺察，我正在用什麼樣的態度應對眼前發生的事，從態度上，可以更深入理解為何會遇到如此的瓶頸與煩惱，或者抉擇上的猶豫。所以在抽牌時，不只是抽出來的牌可以說明生命狀況，抽出了哪幾種牌組，也能幫助我們對求問事件進行多方面的理解。

解牌範例一

解牌分析

有人詢問接下來的工作發展，抽到下列的三張牌。這次的抽牌出現了一張大祕牌、兩張小祕牌，代表近期在工作上發生的事，讓求問者重新調整自己在工作上面對問題的態度，讓自己在錯誤中學習。兩張小祕牌都是權杖元素，並分別為5號與7號數字，代表這次所遇到的事件，可能是公司目前最有發展潛能的專案，因為有了好的開始，現在正需要更多的創新想法讓成果更上一層樓，而且很多

權杖 5
（因為）

逆位命運之輪
（所以）

權杖 7
（結果）

部門的人都有興趣並積極參與，時程上也可能緊迫，比起長期規劃，大家都急於在短時內想要得到結果，所以就會有更多的意見分歧。在解牌敘事時，把三張牌視為說故事的因果關係，中間逆位命運之輪的出現是因為前面的權杖5發生的事，最後一張的權杖7，是因為逆位的命運之輪的態度所引導出的結果，在敘事時，依抽牌順序，用「因為、所以、結果」的連接詞，可以協助加強三張牌之間的相互關係。

解牌敘事

權杖5的情境是多人一起腦力激盪、提出想法、相互較勁的工作狀況，但參與討論的都是部門之間的平行關係，沒有更高主管來裁決，所以變成意見太多、無法進行整合，這種情況導致了逆位命運之輪的態度，讓求問者對計畫執行不再持有樂觀的想法，認為原來的好意，想要收集大家的意見，卻變成多頭馬車的情形，結果命運之輪的輪子卡在原地，無法轉動。逆位命運之輪的態度，讓求問者不再對團隊合作抱持著正向的看法，最後從團隊工作中退出來。就算自己累一些、辛苦一些，也決定一個人執行，於是就進入到權杖7的處境，不再聽從他人的意見，一個人埋頭苦幹，用自己的方法去解決問題。

解牌範例二

敘事分析

有人詢問接下來婚姻關係的發展，抽出上列的三張牌組，兩張小祕牌、一張宮廷牌。這種組合代表目前所遇到的狀況，是婚姻關係不斷重複例行公事，是兩個人一起分擔家務、照管小孩與都有工作的情形下，必然會遇到的日常，雖然有爭吵與衝突，但也是婚姻生活必經的過程，所以平常心應對，才能適當的放下壓力與煩惱。這也是為何沒有出現大祕牌來提醒求問者需要思考婚姻的意義，或者

五角星 2
（因為）

寶劍皇后
（所以）

逆位權杖 6
（結果）

重新為自己的婚姻關係定位。

三張牌組在寶劍皇后之後出現了逆位牌，代表事情變得有衝突的原因在於寶劍皇后這個角色。這張宮廷牌在解牌時對應到求問者，是求問者在五角星2的情境中，決定以寶劍皇后的身份來應對狀況，結果延伸為逆位寶劍6的情境。宮廷牌是求問者在應對困境時選用的身份，也代表身份可以由求問者調整，但寶劍皇后可能是求問者在不自覺中處理事情的模式。這次抽出的小祕牌中，寶劍的元素較多，突顯了求問者喜歡說清楚、講明白的處境，任何不明確、拖延等狀況，都會讓求問者感到不耐煩，也是在婚姻生活中發生衝突的主要原因。雖然寶劍皇后是正位，但這張牌引導出了後面的逆位情境，所以最需要覺察與調整的是寶劍皇后這個角色，有可能她才是讓事情糾結、變得困難的原因。

敘事解牌

五角星2是需要來回多種工作、身份而忙碌的情境，在婚姻中，女性需要照顧家庭，但也需要工作，來回於職場與家庭的兩個擔子，就成為五角星2的情境。在一般情境下，五角星2雖然忙碌，但也會樂此不疲，圖像裡像玩耍一樣玩弄兩個五角星的人，描繪能夠苦中作樂的處境。但五角星2後面緊接著出現的寶劍皇后，想要釐清家中各自的責任與職責，並且要講清楚每個人所承擔的是否公平、我這麼忙碌是否合理等。從五角星2可以判斷，目前的工作與家庭狀況，對求問者來說未必是過量或有壓力，雖然忙碌，都還能應付自如。但追求公平、合理原則的求問者，只是不想要受到不公平的對待，所以就會以寶劍皇后的特質來評價發生的事。結果就出現了逆位的寶劍6，圖像裡的船可以聯想為家庭，一旦開始追問家庭中的工作分配與公平性，家人之間反而就出現了講不清楚的處境，船翻了。大家都在要求合理的結果，反而只能待在翻船的原地，什麼地方也去不了，這種爭執，只要家庭關係還在，就沒有休止的一天，所以讓求問者更煩躁，但也提不出建設性的解決方法。

Conclusion

結語

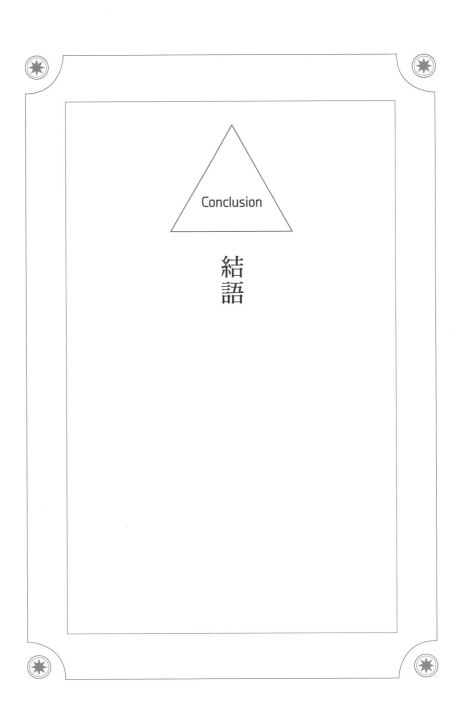

在占卜術的思維中，塔羅占卜成為一項技藝與專業，有特定的運作方法，塔羅占卜的學習，就是針對塔羅的占卜運用的技巧學習。但如果跳脫占卜術的思維，把塔羅牌視為圖像媒介，塔羅成為一座橋梁，占卜方法是為了完成橋梁的功能，把原來分隔、斷裂的兩地連接上，讓兩個地方可以交流無阻。那塔羅接起的是哪兩地呢？就是意識與無意識。在個人的內在世界，這兩者沒有全然分開，但過於注重理性生活的現代人，很容易忽略理性之外的探究，所以不自覺讓橋梁變得功能不足或設了很多阻礙通行的障礙物。

我常常也會用魔法來形容塔羅占卜，但我所說的魔法，不是塔羅占卜本身的神秘性，而是當它的圖像以橋梁的角色，透過隨意抽牌與解牌過程，連結了意識與無意識，原來沒有通的意識中的思維、知識，與無意識中的經驗碎片與感知，在橋上相遇與碰撞，而且原以為只是隨意的、偶然的相撞，卻能夠帶給我們覺察與領悟生命的意義。透過塔羅的隨意抽牌帶動出的橋梁上的相遇，可以用張愛玲的《愛》的詩句來表達：

於千萬人之中遇見你所遇見的人，

於千萬年之中，時間的無涯的荒野裡，
沒有早一步，也沒有晚一步，
剛巧趕上了，那也沒有別的話可說，
惟有輕輕的問一聲：「哦，你也在這裡嗎？」

這就是我所稱的塔羅占卜魔法。它就像愛情，透過解牌時閃現的領悟，滋養我們的生命，讓原來乏味的日常，像被陽光照耀一樣閃閃發光。想要擁有這種魔法，不只需要學習塔羅圖像與占卜解牌，橋梁兩端需要有穩固、寬闊又豐富的兩個世界，在這兩個世界的居民夠多時，才有可能在橋梁中與命中注定的那個人相遇。意識世界的豐富需要有人文素養與邏輯思考的培養，而無意識就需要走入世界的感知與經驗。知識與經驗的碰撞，才能形成智慧的領悟，但橋梁功能不彰時，我們有可能讀了萬卷書，也行了萬里路，但知識與經驗卻是分開的，所學與所行之間還是有很大的距離。這時有了塔羅圖像的橋梁，知識與經驗開始能夠為我們生命創造「愛」。

在教學過程，我接觸的大部分學習者，期待塔羅本身可以帶給他們魔法，所以很努力練習塔羅占卜，但卻忽略了人文知識的培養與生命經驗的累積，所以就算建起了橋梁，卻因為兩個世界的貧乏，橋梁上還是沒什麼通行的人，所以占卜解牌只是暫時的舒緩了不確定的焦慮，卻無法像我說的塔羅魔法，以靈感閃現的方式帶來生命的意義與領悟。

如果你想要學習塔羅魔法，除了學習塔羅圖像、練習解牌之外，也需要透過文學、藝術、哲學、心理學、宗教等書籍的閱讀，培養人文素養，之後也要能夠不斷跳脫熟悉的生活圈與人際關係，累積各式各樣的生活經驗，有了這兩者的共進，就能搭起創造魔法的塔羅橋梁。這本書透過生命主題的人文思考、塔羅圖像的分析與解讀，努力為閱讀者拓展出內在的魔法世界，它是一個起點，為你的未來準備更多的魔法碰撞。

敘事塔羅

運用塔羅圖像展開與自我對話的生命敘事，讓身心靈在困境中成長，走出屬於自己的幸福之道

作　　者　王乙甯
封面設計　莊謹銘
內頁排版　高巧怡
行銷企劃　蕭浩仰、江紫涓
行銷統籌　駱漢琦
業務發行　邱紹溢
營運顧問　郭其彬
副總編輯　劉文琪

出　　版　地平線文化／漫遊者文化事業股份有限公司
地　　址　台北市103大同區重慶北路二段88號2樓之6
電　　話　(02) 2715-2022
傳　　真　(02) 2715-2021
服務信箱　service@azothbooks.com
網路書店　www.azothbooks.com
臉　　書　www.facebook.com/azothbooks.read

發　　行　大雁出版基地
地　　址　新北市231新店區北新路三段207-3號5樓
電　　話　(02) 8913-1005
訂單傳真　(02) 8913-1056
初版一刷　2024年1月
初版三刷　2024年8月
定　　價　台幣450元

ISBN　978-626-97679-9-1

國家圖書館出版品預行編目 (CIP) 資料

敘事塔羅 : 運用塔羅圖像展開與自我對話的生命敘事, 讓身心靈在困境中成長, 走出屬於自己的幸福之道/ 王乙甯著. -- 初版. -- 臺北市 : 地平線文化, 漫遊者文化事業股份有限公司出版 ; 新北市 : 大雁文化事業股份有限公司發行, 2024.01
　面；　公分
ISBN 978-626-97679-9-1(平裝)
1.CST: 占卜
292.96　　112021980

• 附錄　韋特塔羅 78 張 •

• 大祕牌 •

II
B
J
THE HIGH PRIESTESS

I
THE MAGICIAN.

0
THE FOOL.

V
THE HIEROPHANT

IV
THE EMPEROR.

III
THE EMPRESS.

• 附錄　韋特塔羅 78 張 •

• 大祕牌 •

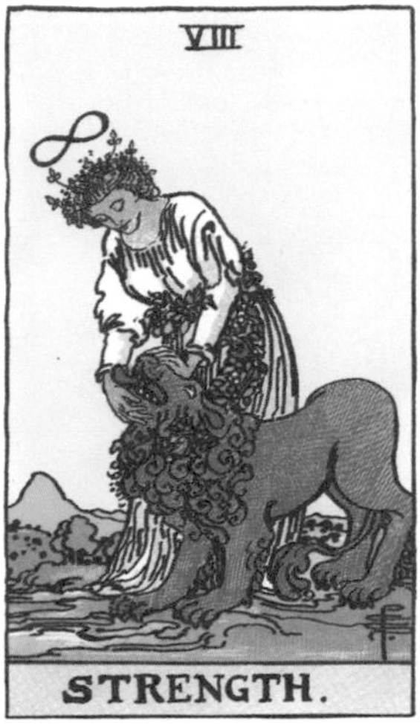
VIII
STRENGTH.

VII
THE CHARIOT.

VI
THE LOVERS.

XI
JUSTICE .

X
WHEEL of FORTUNE.

IX
THE HERMIT.

• 附錄 韋特塔羅 78 張 •

• 大祕牌 •

XIV
TEMPERANCE.

XIII
DEATH.

XII
THE HANGED MAN.

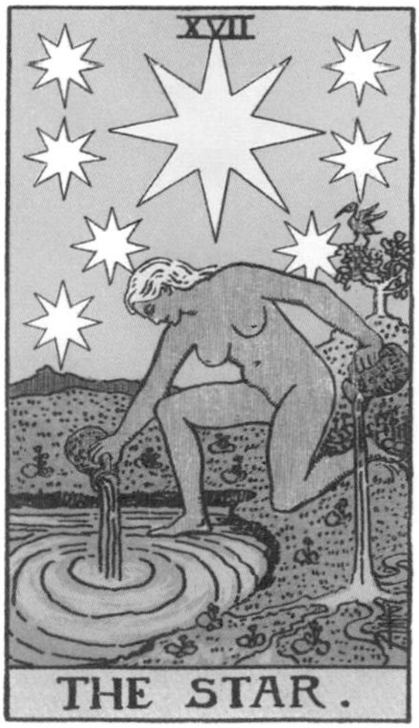
XVII
THE STAR.

XVI
THE TOWER.

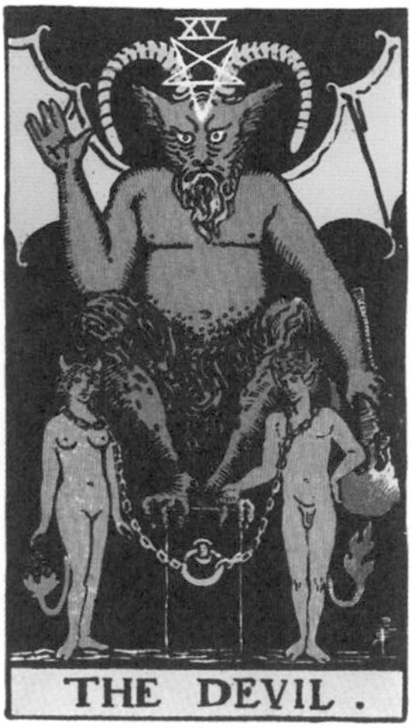
XV
THE DEVIL.

• 附錄　韋特塔羅 78 張 •

• 大祕牌 •

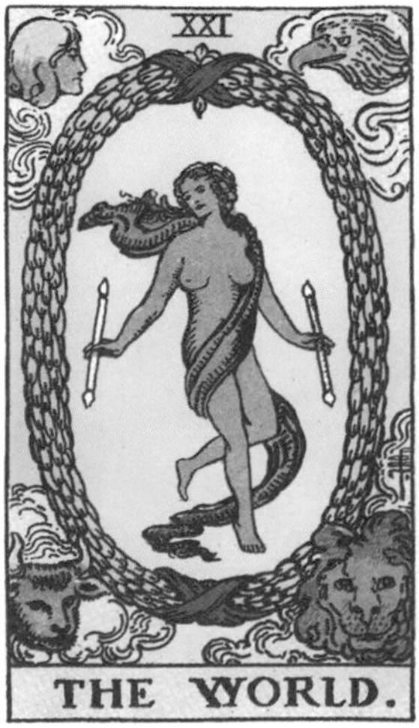

• 附錄　韋特塔羅 78 張 •

• 小祕牌：權杖牌組 •

• 附錄　韋特塔羅 78 張 •

• 小祕牌：權杖牌組 •

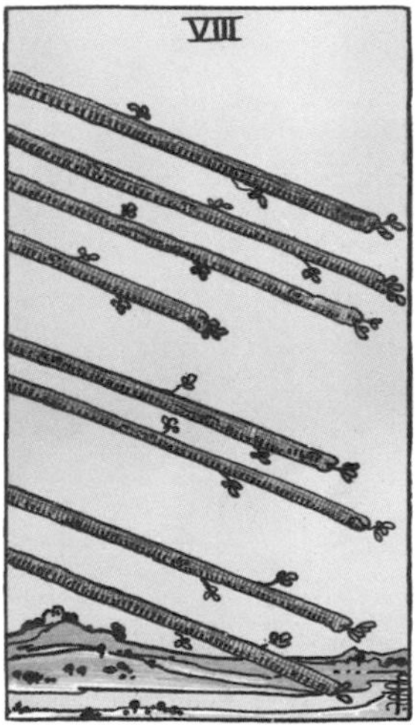

• 附錄 韋特塔羅 78 張 •

• 小祕牌：權杖牌組 •

• 附錄 韋特塔羅 78 張 •

• 小祕牌：聖杯牌組 •

• 附錄 韋特塔羅 78 張 •

• 小祕牌：聖杯牌組 •

• 附錄　韋特塔羅 78 張 •

• 小祕牌：聖杯牌組 •

• 附錄 韋特塔羅 78 張 •

• 小祕牌：寶劍牌組 •

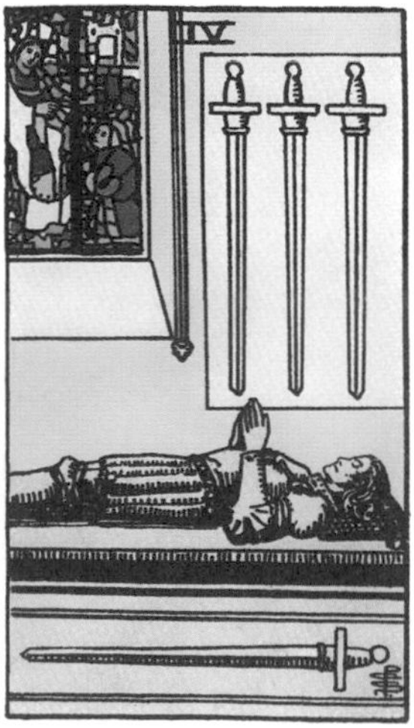

• 附錄　韋特塔羅 78 張 •

• 小祕牌：寶劍牌組 •

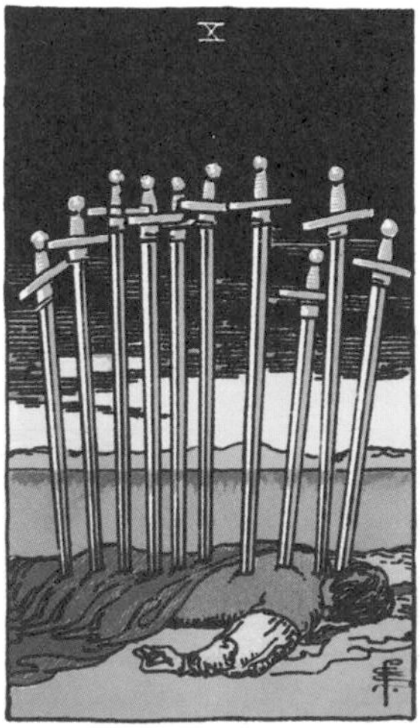

• 附錄　韋特塔羅 78 張 •

• 小祕牌：寶劍牌組 •

• 附錄　韋特塔羅 78 張 •

• 小祕牌：五角星牌組 •

• 附錄　韋特塔羅 78 張 •

• 小祕牌：五角星牌組 •

• 附錄　韋特塔羅 78 張 •

• 小祕牌：五角星牌組 •